社会学理论的发展与应用实践

董晓云◎著

吉林出版集团股份有限公司
全国百佳图书出版单位

图书在版编目（CIP）数据

社会学理论的发展与应用实践 / 董晓云著 . -- 长春：吉林出版集团股份有限公司 , 2022.12
　　ISBN 978-7-5731-2256-8

　　Ⅰ.①社… Ⅱ.①董… Ⅲ.①社会学—理论研究 Ⅳ.① C91

中国版本图书馆 CIP 数据核字 (2022) 第 245497 号

社会学理论的发展与应用实践
SHEHUIXUE LILUN DE FAZHAN YU YINGYONG SHIJIAN

著　　者	董晓云
责任编辑	祖　航
封面设计	李　伟
开　　本	710mm×1000mm　　1/16
字　　数	220 千
印　　张	12
版　　次	2023 年 9 月第 1 版
印　　次	2023 年 9 月第 1 次印刷
印　　刷	天津和萱印刷有限公司

出　　版	吉林出版集团股份有限公司
发　　行	吉林出版集团股份有限公司
地　　址	吉林省长春市福祉大路 5788 号
邮　　编	130000
电　　话	0431-81629968
邮　　箱	11915286@qq.com
书　　号	ISBN 978-7-5731-2256-8
定　　价	72.00 元

版权所有　翻印必究

作者简介

董晓云，女，1985年11月出生，安徽省六安市舒城县人，毕业于苏州大学，硕士研究生学历，现就职于江苏财会职业学院，副教授，中级社会工作师。研究方向：社会学专业。主持并完成江苏省高校哲学社会科学课题三项、江苏省社科应用精品课题两项，发表论文十余篇。

前 言

社会学是从综合性、整体性和系统性的角度研究社会结构和社会过程，揭示社会运行和发展规律，以让人们更好地认识社会现象，解决社会问题，进行社会规划和管理的社会科学。因此，社会学是一门以研究为己任的基础性社会科学，它对社会生活、社会现象具有独特的认识作用、解释作用和指导作用。社会学作为基础性社会科学的重要性在我国学术界得到了普遍的认同，其教学与研究工作也因此得到了迅速的发展。社会学正日益成为人们了解现代社会及其变迁和发展的重要学科。20世纪以来，随着社会经济的发展，互联网的普及，科学技术的突飞猛进，在环境生态方面、网络发展方面、人工智能方面、教育方面都出现了一些社会学的问题，面对日益严峻的问题，社会学做出了积极的正面回应。基于此，本书将紧紧围绕社会学理论的发展与应用实践展开论述，不仅将对社会学的相关理论进行概述，还将对社会学在各方面的应用做相关介绍。

本书共包括六章内容：第一章为社会学概述，主要包括三节内容，分别是第一节社会学相关概念界定、第二节社会学的产生与功能、第三节社会学理论的历史沿革；第二章为社会学理论基础知识，主要包括三节内容，依次是第一节社会化和个性化、第二节社会分层与社会流动、第三节社会问题与社会控制；第三章为环境社会学理论分析与实践探索，主要包括三节内容，依次是第一节环境社会学相关概述、第二节环境问题对人类社会的影响、第三节环境问题的社会治理三个方面展开论述；第四章为教育社会学理论分析与实践探索，主要包括三节内容，分别是第一节教育社会学相关概述、第二节教育组成要素的社会学分析、第三节教育问题的社会学分析与调节；第五章为网络社会学理论分析与实践探索，主要包括三节内容，依次是第一节网络社会化相关概述、第二节网络社会行为及社群分析、第三节网络社会风险的社会治理；第六章为人工智能社会学理论分析与实践探索，主要包括三节内容，依次是第一节人工智能社会学概述、第二节人工智能与社会关系、第三节人工智能社会风险的社会治理。

在撰写本书的过程中，作者得到了许多专家学者的帮助和指导，参考了大量的学术文献，在此表示真诚的感谢！限于作者水平有不足，加之时间仓促，本书难免存在一些疏漏，在此，恳请同行专家和读者朋友批评指正。

董晓云

2022 年 6 月

目　录

第一章　社会学概述 ··· 1
　　第一节　社会学相关概念界定 ·· 1
　　第二节　社会学的产生与功能 ·· 3
　　第三节　社会学理论的历史沿革 ··· 5

第二章　社会学理论基础知识 ·· 9
　　第一节　社会化和个性化 ·· 9
　　第二节　社会分层与社会流动 ·· 18
　　第三节　社会问题与社会控制 ·· 26

第三章　环境社会学理论分析与实践探索 ··· 39
　　第一节　环境社会学相关概述 ·· 39
　　第二节　环境问题对人类社会的影响 ·· 43
　　第三节　环境问题的社会治理 ·· 51

第四章　教育社会学理论分析与实践探索 ··· 74
　　第一节　教育社会学相关概述 ·· 74
　　第二节　教育组成要素的社会学分析 ·· 82
　　第三节　教育问题的社会学分析与调节 ······································ 107

第五章　网络社会学理论分析与实践探索⋯⋯⋯⋯⋯⋯⋯⋯⋯⋯⋯⋯⋯⋯117
　　第一节　网络社会化相关概述⋯⋯⋯⋯⋯⋯⋯⋯⋯⋯⋯⋯⋯⋯⋯⋯117
　　第二节　网络社会行为及社群分析⋯⋯⋯⋯⋯⋯⋯⋯⋯⋯⋯⋯⋯⋯123
　　第三节　网络社会风险的社会治理⋯⋯⋯⋯⋯⋯⋯⋯⋯⋯⋯⋯⋯⋯129

第六章　人工智能社会学理论分析与实践探索⋯⋯⋯⋯⋯⋯⋯⋯⋯⋯⋯149
　　第一节　人工智能社会学概述⋯⋯⋯⋯⋯⋯⋯⋯⋯⋯⋯⋯⋯⋯⋯⋯149
　　第二节　人工智能与社会关系⋯⋯⋯⋯⋯⋯⋯⋯⋯⋯⋯⋯⋯⋯⋯⋯161
　　第三节　人工智能社会风险的社会治理⋯⋯⋯⋯⋯⋯⋯⋯⋯⋯⋯⋯170

参考文献⋯⋯⋯⋯⋯⋯⋯⋯⋯⋯⋯⋯⋯⋯⋯⋯⋯⋯⋯⋯⋯⋯⋯⋯⋯⋯178

第一章 社会学概述

本章为社会学概述，主要包括三节内容，分别是第一节社会学相关概念界定、第二节社会学的产生与功能、第三节社会学理论的历史沿革。

第一节 社会学相关概念界定

一、社会学基本内涵

对于社会学的基本概念，不同社会学家给出了不同的解释。雷蒙阿隆认为，社会学家关于同一件事的意见相同，就很难给出社会学的确切定义；孔德以实证主义角度切入，通过研究自然科学的方法把社会学划分为"社会静力学"与"社会动力学"，前者主要涉及社会各个构成要素之间的联系和作用、反作用，后者主要研究以社会变迁为前提的社会发展、社会变化的规律；迪尔凯姆强调社会学注重比较的方法，并以此来研究社会制度和社会演变历程；马克斯韦伯认为，社会学的宗旨是解释社会行动以及阐述与社会行动有关的过程和结果；严复把斯宾塞的《社会学研究》翻译成《群学肄言》，他眼中的"社会学"是"群学"，主张"明治乱、盛衰之由"；费孝通则指出："社会学是从变化着的社会系统整体出发，通过人们的社会关系和社会行为来研究社会的结构、功能等方面的一门综合性社会科学。"[1]

由此可见，各个社会学家认为的社会学定义不尽相同。相关学者根据研究发现，对社会学的界定，社会上存在十种不同的类别，夸张地说，"有多少社会学家，就会有多少种社会学。"[2] 国际学术界将社会学定义为研究社会的科学，而我国学

---

[1] 王金良.社会学定义探究 [J].商丘职业技术学院学报.2006：（03），13.
[2] 董金秋.中国社会学研究的历史与现状分析 [J].浙江社会科学.2009：（07），2.

者郑杭生在此基础上细化了此定义，并收获了广泛的认可。郑杭生认为作为一门社会科学，社会学主要研究社会良性运行和协调发展的条件以及机制。由此可知，社会学探讨的内容主要是正向推动社会发展的协调方式和其他元素，具备十分广泛的研究范畴，且从基本内涵角度看，一方面，社会学包括社会结构、社会变迁等社会运行的宏观领域、社会互动、家庭、婚姻等社会构成的微观领域，另一方面，社会学涵盖对社会现象抽象概括而形成的各种理论层面的概念学说、对具体事物进行研究而得出的应用层面的社会调查方法和spss统计分析等技术。

在20世纪上半叶，社会学概念诞生。以工业革命带来的丰富财富也带来诸多社会问题，社会学家孔德认识到要反对形而上学的传统观念，并建立了一门具备客观性、正确认识性的社会性质学科。在1838年10月出版的《实证哲学教程》一书中，首次提出"社会学"的观念，是社会学诞生的具体标志。19世纪末期的中国正处于民族存亡和爱国志士用尽各种办法以求救国的时期，也正是在这一时期，社会学从西方传入我国，此后在我国开始漫长而曲折地发展。

二、社会学理论

社会学理论由迪尔凯姆、韦伯和马克思等人构建而来，这三人明确了社会学理论所关注的基本论题，为日后各种社会学理论思潮的兴起奠定了基础。迪尔凯姆让社会学成功成为大学教学中的一门课程；韦伯试图将社会学科中的实证主义和人文主义结合，并开创理解社会学，即使这个想法无疾而终，但韦伯对社会学领域发展的贡献十分具有代表性；马克思以唯物史观出发，开创了批判主义的社会学理论，并成功地让社会学理论具备了很强的批判性和革命性，为日后的社会学理论发挥了十分明显的推动作用。总的来说，这三人都在不同程度、不同角度上为社会学理论的实证主义、人文主义、批判主义奠定了发展基础，并且让社会学在经济不断发展的背景下愈发的多元、丰富。

第二节 社会学的产生与功能

一、社会学的产生

（一）社会学产生的标志

19世纪英国爆发了工业革命，人类社会进入了全新的篇章。在这个科学技术飞速发展的时期，资本不断进行积累和发展，这也为社会带来了种种矛盾，人们开始对社会发展规律进行有目的的探索。以此为前提，社会学作为学科在这一时期开始萌芽。法国哲学家孔德（AugusteComte）从1830年到1842年间陆续出版了6卷本《实证哲学教程》，并在其中的第四卷本里开创性地提出"社会学"（Sociologie）这一概念以及针对此学科的建立设想，这从侧面代表着社会学学科的诞生。在此之前，孔德以"社会物理学"为名来定义通过自然科学的精确方法研究社会的具体学科。

孔德在创造"社会学"这个词的时候，已经明确了这门学科的基本问题：首先是对人们之间交往互动的关注，其次是对以这些交往互动为基础的各种关系的关注。

（二）社会学产生的条件

1. 社会学产生的历史条件

宗教神学在11—15世纪的欧洲一直以居高临下的姿态面向众人，这对人类社会的发展造成极大的约束和阻碍，而后的思想启蒙运动解放了人们的思想。工业革命极大地推动了社会经济的进步，同时也让资本主义为社会带来了各种复杂影响。在这一时期，社会以金钱至上，这也从某种程度上分化了社会本身，思想家们以此为基础对社会问题的解决进行了深入的研究和交流。

2. 社会学产生的思想条件

很多思想家在社会学产生之前已经开始探索社会结构、社会变化规律和社会未来图景，并以此为基础提出了包括经济、政治、社会、哲学、伦理等方面的思想观念。这些思想观念帮助人们进一步认识社会。西方近代以来的社会思想对社会学的发展所产生的影响最为深远，如霍布斯、洛克、卢梭，以及圣西门、傅立叶、欧文等大思想家们都不同程度地为孔德所提出的社会学思想奠定了基础。

3.社会学产生的自然科学条件

社会学的产生，与自然科学发展之间的关系是十分紧密的。自欧洲文艺复兴运动开始，包括天文学、地理学、数学、物理学、化学、生物学等学科在内的自然科学不断开花结果，这在很大程度上影响了社会学思想家对社会的看法。圣西门就曾强调，与人相关的科学应该和以观察为基本手段的科学一样，都具备实证性质，研究与人相关的科学要像研究自然科学一样，需要以观察和研究为探索前提。从这个角度看，孔德将社会学划分为社会静力学和社会动力学的做法符合自然科学方法的研究规律和构建规律。

二、社会学的功能

社会学是"经世致用"的学科，对社会的管理、发展和进步发挥着重要作用。

（一）为社会发展战略的选择和政策制定提供科学依据

长期以来，一些国家的政府只注重经济因素和经济发展，忽视了社会因素对社会运行的影响和对经济发展的社会后果的考虑，从而导致经济发展受阻，或者在经济增长的过程中产生大量社会问题。社会学以其综合研究之特点，有利于全面地分析问题，也擅长分析经济增长的近期和远期后果。科学的社会学研究可以为决策者提供进行发展战略选择和政策选择的依据。如何处理好经济发展与社会发展、效率与公平、发达地区与落后地区等方面的关系，对实现目标有密切关系，社会学研究可以在这方面做出贡献。

（二）有利于制定和实施科学的社会规划

社会学具备科学性、综合性、多角度等特征，人们能够以社会调查为手段进行事物之间关系的分辨，也能够预测社会的未来进程，还能够通过规划具体的措施来为社会去除糟粕。此外，社会学能够帮助人们以科学方法为基础评估社会计划、社会政策、社会发展项目等方面的实时状况，并及时反馈具体的问题，从而进一步推动社会的发展和进步。

（三）能提供组织管理和社会管理的知识

人们在日常生活里，无论从事职业活动、政治生活，还是进行社会活动，更多的是以社会组织为依托进行的，掌握社会组织的知识和规律对适应当下社会生活、有效管理社会组织等方面来说是极其重要的。从实际情况看，组织并不是人们简单扎堆而成的，它往往是缩小版的社会。想要在参与组织生活、规划组织活动、管理组织运行体系等方面有所建树，就要切实地对人的实际需要、人的真实动机、人的行动规律及其他等方面的概念进行仔细钻研和学习。在180多年的时间里，社会学对组织的研究取得了显著的成果，这些成果对管理现代组织具有重要的借鉴价值。

（四）为建立健康、文明的生活方式和提高生活质量做出贡献

社会成员普遍拥有健康文明的生活方式、高质量的生活水平，这能够高度体现社会进步，也是社会学的目标。在当今社会，社会价值观愈发趋向多样化，社会发展所需要的生活是可以符合人们的要求、将人的本质特征彰显出来的，这些都需要通过研究而实现。社会学研究的范畴包括个人与社会的关系、各种社会生活的规律，将这些内容研究透彻可以帮助人们更进一步地研究健康、科学、文明的生活方式。高质量的生活是人们的基本追求，高度发达的经济、雄厚的物质基础固然是高质量生活的重要基础，但人们还有精神追求，有社会交往的需求，还需要安定舒畅的生活环境。经济发展和社会发展保持何种关系，怎样才能使社会的各种财富发挥最大效益，即使人们过上了高质量的生活，也是需要认真研究的。

社会学全面关注人们的生活，以全面促进社会进步为目标，学习社会学知识有利于人们全面、理性地思考各种社会财富之间的关系，促进人们生活质量的提高。

第三节 社会学理论的历史沿革

人类社会发展至今出现了实体式、主体式和生成式等三种哲学思维方式。不同思维方式主导了人类社会在不同历史时期的整体发展方案，也主导着社会研究的理论框架。

就此，社会学理论可分为先古神俗之争、古典理性、现代理性以及当代重建

等四个发展阶段。

一、先古社会学的神俗之争

古希腊虽然没有社会学理论范畴，但"智者学派"已经从宇宙中划出了一个与自然法则相对应的"城邦"社会领域，初步建立了社会秩序是利益强权约定而非神创的人类学观点，"从而开创了社会科学的前史，使人们之间的相互关系成为由人类自己来解决的问题，而无假乎神与传统的干预。"[1]亚里士多德（Aristotle）说"城邦在本性上先于个人和家庭。全体必然先于部分"[2]。这种实体式思维随着城邦制度的衰落而被中古欧洲基督教天然地继承下来，发展为面向个人生存意义和终极关怀的解脱之道。从4世纪奥古斯丁（Aurelius Augustinus）的激进神学中心论到13世纪阿奎那（Thomas Aquinas）的神俗协调论，"神俗"之争成为推动中世纪欧洲1000多年社会生活和哲学变迁的主线。而随着人类认识和改造自然能力的快速膨胀，世俗人性摆脱神权的不断张扬，建立市民社会和政治国家的秩序边界成为文艺复兴以来社会科学的主要任务。从马基雅弗利（Machiavelli）资产阶级人性论、布丹（Jean Bodin）主权论到卢梭（Jean-Jacques Rousseau）社会契约论，人们开始从不同角度讨论社会秩序的边界和特征。

二、古典社会学的二元创制

1838年，孔德（Auguste Comte）首次使用社会（物理）学概念并开创实证研究传统，社会学从此与哲学分离并成为一门独立学科。[3]涂尔干（Emile Durkheim）、韦伯（Max Weber）和马克思（Karl Marx）等社会学奠基人致力于揭示资本主义社会变革中的结构性矛盾；由此划出了社会与政治的学术边界，建立了古典社会学的宏大叙事结构，确定了社会学在人类知识系统中的位置。而美国人杜威（John Dewey）、库利（Charles Horton Cooley）及米德（George H.Mead）等则深入行动与意义的微观领域，尝试从个人生存特征或日常生活等角度回答社会变革的宏大结构。两大思想流派认为社会结构先于个人，个人决定社会结构，

---

[1] 萨基.社会学思想史// 于海.西方社会思想史[M].上海：复旦大学出版社，2008：26.
[2] 亚里士多德.政治学[M].吴寿彭，译.北京：商务印书馆，1981：1253.
[3] Auguste Comte.System of Positive Polity[M].New York：Burl Franklin.1875；95；Auguste Comte. System of Positive Polity（I）[M].New York；Burl Franklin，1875；3-4.

或侧重社会结构的稳定分析，或强调社会结构的变迁规律，最终形成了古典社会学的二元理论体系。

三、现代社会学的功能主义

二战以后社会稳定、经济繁荣。社会学的理论焦点转向维护这种社会事实，并开始研究更加普遍化、概念化和规律化的社会结构。美国人帕森斯（Talcott Parsons）穷其一生梳理社会学三大奠基人以来关于现代社会形式、基本结构和发展趋势的核心思想，相继完成社会行动论、系统论和进化论，开创了社会结构功能流派，成一时显学。其学生默顿（Robert King Merton）以特定情境下社会结构与过程的因果关系为研究对象，尝试在抽象的宏大巨制和具体的经验命题之间建立一种沟通理论，完善古典社会学二元结构。

与此同时，稳定的社会状态使社会学家更多地关注个人生存和日常生活。米德的学生布卢默（H.G.Blumer）、戈夫曼（Erving Goffman）和众多追随者最终发展出符号互动、拟剧互动等微观社会学理论。他们认为社会是许许多多个人行动的结构，社会过程是人把主观意义赋予客体并做出反应的过程，揭开了古典社会学蒙在"社会结构"上的神秘面纱。

四、当代社会学的消费转向

1970年以后，经典社会理论再次遇到社会事实的巨大挑战：全球化与地域主义的交织发展、现实环境与网络虚拟的相互替代、现代性与后现代性的针锋相对，诸如此类。社会学遇到了难以解释的现实社会问题；更遭到多元主义、去中心主义和解构主义等后现代思潮的全面围攻。这迫使包含社会学在内的所有人文社会学科开始反思现代性，不仅重拾古典社会学的问题意识，更开始重新思考社会及变迁的根基，诚如吉登斯（Anthony Giddens）所言"在20至21世纪之间，作为社会学基本问题的现代性又重新出现了"[1]。尤其是消费行为的崛起深远地拓展了社会研究的理论范畴。在时间维度上，原来的"现代—后现代"或"传统—现代"二维尺度拓展到"传统—现代—后现代"的三维尺度；在空间尺度上，原来的地域层面拓展到全球范围；在研究领域上，原来的政治、经济、文化或宗教等独立

---

[1] 安东尼·吉登斯.现代性与自我认同[M].赵旭东，方文，王铭铭，译.北京：三联书店.1998；1.

的有限领域融合和拓展到包括消费、城市等几乎所有可知领域；在研究范式上，由传统的生产角度转向消费角度；在研究方法上，由定性为主改变为定量为主。

第二章 社会学理论基础知识

社会学理论越来越受到人们的重视。本章主要介绍社会学理论基础知识，主要包括三节内容，依次是第一节社会化和个性化、第二节社会分层与社会流动、第三节社会问题与社会控制。

第一节 社会化和个性化

一、社会化

（一）社会化的内容

社会化指的是人类个体身处社会中，逐渐形成专属自身的个性和人格，并从生物角度的人过渡到社会角度的人，以内化社会文化、学习角色知识为方法不断适应社会生活的整个过程。在这个过程里，人类个体不断积累社会文化、传承社会文化，社会的结构也因此在稳固中更新，人类个体本身也得以不断健全个性、完善个性。由此可知，社会化的过程会伴随人的一生。

人本身具备较强的生物性和社会性，生物性指的是人类个体从出生就拥有的身体和行为的所有特点，而社会性指的是人类个体在社会生活影响下所形成的行为特征。社会虽然由诸多个体组成，但并不单单只包括生物个体。社会人能够在组成社会后总结出适用于社会活动的文化，并始终遵循特定的社会规范和社会准则。然而，不能说人一出生就对社会文化产生了认同和承载的行为，人类个体都是经过后天的学习和环境影响而成为社会人的。从这个角度看，人的社会化过程可以理解为人从生物体转变为社会人的过程。

社会化过程指的是一个人通过学习社会的文化来增强自身社会性，并将自己的生物人身份转变为社会人的过程。社会文化包括人所在群体、社会的价值观和各种规范等多种形式的文化，一个人在学习了这些价值观和社会规范并对这些文化产生认同感后，其社会性也就得到了相应的增强，本身由生物性驱动的行为也会得到一定的扼制，这个人也就可以更加独立、更加有效地参与到群体和社会的生活中。这一过程不是压制人们与生俱来的生物性，而是在一定程度上加以扼制，并让人以社会性为主导来进行相应的行为。

从个人和社会的关系角度看，社会化能够帮助人们吸取社会经验，使个人和社会从分离走向整合。这种整合要求个体减少自身有生物性所主导的行为，并增强个体对社会知识的内化量，从而强化自身社会性。换句话说，社会化强调个体要掌握其所参与的具体社会（社会群体）的知识、规范、价值观念和生活技能等内容的规律。从这一角度看，社会化也可以被理解为个人学习群体和社会文化、提升自身社会性、将自己融入群体的过程。

需要说明的是，在社会化过程中，人的生物性被抑制、社会性得以增强是从个体发展的趋势和比较意义上而言的。一个人来到世间，最初只是一个生物体，表现出来的也只是生物性本能。随着个体的发展和被置于社会生活之中，人的行为越来越少地受本能支配而受其社会性影响，这表现为他的行动受社会规范、社会文化的影响，这就是社会化的效果。另外，人的社会化的增强并不是要压抑人的生物性和降低人的生物机能。社会化的任务是要使人的行动少受生物性本能的影响，而更多地受社会文化、社会规范的影响，即在参与群体生活、社会生活时，用群体规范指导自己的行动，以实现与他人的合作。因此，人的社会化绝不是要削弱人的生物机能。

一个人是在本身的成长过程中完成从纯粹生物体到社会人的转变。人在生物体成长过程中，会不断面临社会的各种要求，这些要求会起到教化作用，个人通过学习和对社会知识、社会规范的选择性接受而铸就并增强自身社会性。从时间的层面看，人的社会化指的是从一个人出生开始到这个人成为合格的青年社会成员的过程。宏观来看，一个人终其一生都在学习社会文化。

综上所述，社会化指的是个体在与社会的互动中不断打磨自身的个性和人格，将自身的身份改变为社会人，并在内化社会文化、学习自身对应角色的知识中提高自身对社会生活的适性的过程。

（二）社会化的类型

社会化主要分为基本社会化、预期社会化、发展社会化、逆向社会化、再社会化、特殊社会化等6种类型。在这6种类型的社会化中，基本社会化是人必须经历的，再社会化和特殊社会化则没有必须经历的要求。

1. 基本社会化

这种类型的社会化主要表现在生命早期，主要目标是让儿童掌握语言和其他认知本领，从而帮助儿童对社会文化规范和价值标准进行适度内化，并正确掌握社会中各种角色的期望和要求。基本社会化是整个社会化过程的首要步骤。

2. 预期社会化

人们在这种类型的社会化过程中可以预习将来所要扮演角色要求的知识和技能，如学生在大学毕业后要从事的岗位所要求的知识和技能。预期社会化主要发生于青年时期。

3. 发展社会化

这种类型的社会化指的是以适应新形势下的角色新要求为目的进行学习的过程，"发展"是相对基本社会化的"基本"而提出的，且发展社会化以基本社会化为基础。

4. 逆向社会化

这种类型的社会化指的是晚辈将文化规范和知识传授给长辈的过程。逆向社会化在传统社会中是十分罕见的，因为在人们以往的认知里，社会化是单向的，传授知识的角色应该由长辈扮演。现如今，社会变迁的速度和知识更新的速度越来越快，很多成年人赶不上时代的变迁，这时就需要逆向社会化来对其加以帮助。

5. 再社会化

这种类型的社会化指的是将已经习得的价值标准和行为规范全部抛弃，而重新学习新的价值标准和行为规范。再社会化聚焦于人的改造，如改造罪犯，使其重新做人。新兵入伍，将以往的生活方式全部抛弃并开展新的生活，这时再社会化是强制而正面的。

6. 特殊社会化

特殊社会化是指对某些遭受身心损伤不能进行正常社会生活的人进行特殊措施的社会过程。通常指对残疾人，包括盲、聋、哑、智力落后、肢体残疾和病弱的儿童、青少年和成年人，以及超常儿童、有品德缺陷的儿童和患有精神病的儿童和青少年。对他们进行社会化，一方面是通过家庭、学校和其他有关组织，运用特殊方法、设备和有关措施，进行社会规范、文化知识、职业和技术教育，提高其素质，使其能够参与适宜的社会生活和工作；另一方面是培养他们能够正视自己存在的价值，以及权利和义务，不小看自己而自认为是国家、社会的包袱，鼓励其热爱生活，为社会贡献出自己的聪明才智。

（三）人的社会化的必要性

一个人要在社会中生活，必须增强其社会性，这就是人的社会化的过程。

1. 个人社会化的需要

人的社会化首先是由人的需要在社会中才能得到满足这一事实所决定的。

马克思从人类发展史的角度分析了需要的重要作用。马克思认为，需要是一个人的行动基础和积极性的来源，人的需要不同于动物本能性的机能，人的需要是社会性的，是以社会为背景和尺度的。

美国心理学家马斯洛提出的需要层次理论是以人本主义为基础，解释了需要对人的行为所发挥的激励作用。在马斯洛看来，人类个体都有生理需要、安全需要、归属或爱的需要、自尊需要和自我实现需要等多种需要。对于人而言，这些需要是有顺序的，其中生理需要最基本、层次最低，其他需要都属于高级需要，五种需要从低到高呈阶梯状。通常情况下，人们会先满足自身基本的、低层次的需要，然后慢慢向满足高层次需要发展。人在低层次需要未满足的前提下去尝试满足高层次需要，即使成功也不会收获长久的激励效果，在这之后，人会继续去考虑如何满足低层次的需要。

人们都更加倾向于满足更高层次的需要，但人作为生物体是无法自给自足的。无论在哪个时期，人作为生物体都要参加群体生活并以群体为基础进行自身需要的满足。例如，在20世纪早期，无论是"狼孩"还是"在被隔离情况下长大的孩子"，他们的成长过程都遇到了各种问题，也反映出早期社会化对人的重要程度。在成年阶段，人想要获取生活必需品，就需要以参加群体、适应群体的方式来实现。而一个人参与群体活动、与群体中的其他成员进行合作，要先掌握这个群体的价值和规范，而不能让群体以个人为中心。由此可知，社会化是人类个体得以生存的必经之路。

人需要社会化这一点也可以从个体发展层面佐证。人类社会是伴随时代发展而不断发展的，同时人是以继承社会以往文化为基础而实现在社会中生活、将社会文化传承下去的。在这个过程中，社会化要求人不断挖掘新经验和新知识。

2. 社会延续发展的需要

社会要求加入其中的新成员去了解并掌握已有的社会化，可以将社会本身延续下去。一个家庭中诞生新一代成员，预示着这个家庭开启了世代传承的新篇章，为了让这种传承持续下去，长辈需要及时教化晚辈，这个道理也适用于一个民族。此外，社会成员拥有较高的综合素质可以有效推动社会发展，而作为社会成员的人想要提高自身综合素质，就要尽可能多地接触和掌握新知识、新技能，以提升自身创造力，推动社会化进程。

（四）人的社会化的可能性

1. 人有脑力劳动的条件

人类在生命进化中获得了只有属于人的生命特性——大脑神经系统和抽象思维能力，从而使人们能够在实践活动中对外部世界的各种事物产生由感性到理性并指导自身行为的认识活动。人的意识活动能够对事物的质和量、现象和本质，通过人的感知、感觉、概念、判断等心理机制，印入主体内部而形成人类意识，并且再通过分析、综合等加工过程，进而变为符合外界环境的行为方式。人类大脑的神经元组成复杂的神经网络，功能可以说是无限的。人类具有脑力劳动的能力，不但表现在人类的遗传是作为人的生物个体延续，而且还表现在漫长的进化过程中不断分化成人类自有的趋势和路线。每个人都是人类遗传信息的携带者，每个人内部都潜在地存在着上代遗传给他的思维、心理和行为方式的结构和机能，只要在一定的社会条件影响下，这些现在的人类进化而来的结构和机能就能赋予现实的社会内容。这就是每个儿童为什么能够从一个小小的生物个体转变为一个社会成员平时称之为"可塑性"的重要生物基础之一，人是具有脑力劳动的动物。

2. 人有较长的依赖生活期

人类的进化是一种进步，同时也伴随着初级的独立生活能力的丧失。许多哺乳动物的初生幼仔就发育良好，能够较快地独立生活。人却不然，人类新生儿要生存，就必须依赖他人，依赖群体和社会。通常情况下，人的婴儿期和幼儿期属于完全依赖期，少年期至青年期是部分依赖期，也就是说他们的基本生活能力和谋生能力都不足，需要他人的帮助。这种依赖期实现了群体和社会对新成员的社会化，群体和社会中的老成员能够以新成员的依赖性为基础加以相应知识、技能和特定规范的传授。这种传授包括悉心教导、因势利导，也包括运用由于依赖性而形成的权力，即迫使新成员遵从群体和社会的规范。人类较长的依赖生活期使其学习十分丰富的文化成为可能。

3. 人有较强的学习能力

学习能力属于人的社会化基础能力，它由人类个体经过长期进化所积累而成，而现实中的学习能力由人的先天素质、社会历史遗产以及个人努力共同影响。学习能力包括模仿能力和创造力，其中创造力指的是以已经掌握的知识为基础产生新知识的能力，这是人类区别于动物的明显特征。学习能力以人类本身足够发达的大脑为动力源泉，具备较强学习能力的人，在适当的社会环境中可以习得很多知识、很多技能和很多社会规范，并在成长过程中不断提升学习能力，不断提高自身的知识储备量和技能储备量，进而不断强化自身社会性。

4. 人有语言能力

语言是人们在共同劳动及其他活动的过程中创造出来的。作为文化的一种形式，它是群体成员共享或共同使用的。它是人类传达信息、沟通思想的工具。人具有共同使用语言的能力，因此可以学习以往时代的经验和知识。语言不仅有助于人们相互交流，也有助于人们间接学习知识，从而扩大自己的视野。随着社会和科学技术的发展，语言也在发生变化，一方面变得更丰富，另一方面变得更精练。因为人有语言能力，可通过接受文化教育和参与社会生活等方式学习语言，所以人们也就能够借助这些语言更有效地学习群体和社会的文化。

（五）人的社会化的基本内容

学习与社会化都贯穿人的一生，从出生到成为青年这一过程中的社会化是十分重要的。

1. 学习生活的基本技能

正常的人类个体在出生后的一段时间里，都需要别人的帮助来解决衣食住行等方面的问题，因为人类个体出生后首先要掌握衣食住行方面的基本技能。掌握包括吃饭、穿衣、走路等具有生物性的基本技能的时间通常情况下是几年，因为这些基本技能和人的智力水平、生物机能有着直接联系，且包含着很强的文化意义，比如我国人用筷子吃饭，即使我国婴幼儿也习惯用勺匙进食，但会用筷子吃饭才是掌握吃饭技能的具体表现。

2. 学习谋生的基本手段

在社会中，人不仅扮演消费者的角色，也扮演生产者的角色。人除了要自力更生，也需要将自己所得提供给所在家庭中不参与生产的成员，还需要分出一部分以推动社会发展。换句话说，人作为社会成员就需要掌握通过劳动获取财富的谋生技能。在不同的生产方式占主导地位的条件下，人们学习谋生手段的内容、过程和方法也是不同的。在自然经济条件下，家庭是基本的生产单位和生活单位。一个人学习谋生手段常常是通过自幼跟随长者，耳濡目染及模仿而获得的，这一过程可以在十几岁前完成。在工业社会，生产技术变得越来越复杂，一个人获得谋生的技能需要通过正规的学徒、学校的学习或职业培训，这一过程一般到20多岁才能完成。但无论如何，这些谋生是必须通过学习才能获得的，这是人的社会化的一项重要任务。

3. 学习社会行为规范

社会行为规范，也叫"社会规范"，具体指的是一种约束群体和社会中组成成员的行为规范。人们在长期的摸索中，以保障群体生活的有序性为目的而总结归纳出了某些适合群体活动的、帮其成员分辨出哪些该做哪些不该做的、明文规定或不成文的共识，而这种"共识"就是社会行为规范。在群体生活和人的社会活动中，行为规范是无处不在的，这也是人类群体的社会性证明。群体与社会的性质不同，活动的领域或场景不同，指导社会成员的行为规范也不同。比如，人们在家庭中、朋友圈里、工作单位所应遵守的行为规范是不同的。

作为在人类文化中占据重要位置的部分，社会行为规范源自人们在长期生活和活动中的总结归纳、积累传承，群体或社会的新成员则必须以这些规范为基础来参与群体活动、开展具体行为。此外，这些规范可以帮助群体或社会成员降低混乱行为出现的概率，并提高人们的社会性。当然，并非人们在任何情况下都只能被动地学习和遵从既定的规范，在社会发生迅速变化时，后来人向已有规范挑战的情况也会出现，但这种挑战也不是其生物性所驱使，而是两种不同文化间的互动。

4. 明确生活目标

在群体或社会中，社会成员在社会化中的首要义务是具备相应的价值观，并找准生活目标，因为群体会以帮助群体成员成长、促进群体发展为目的而对所有成员寄予价值观、人生观的期望，并期望群体成员按照群体目的按部就班地发展，让他们尽可能地实现人作为生物体和群体成员的生活目标，达到生活目标的指点。生活目标的指点包括群体中的权威者和群体成员的未来岗位，不仅能够通过具体职业中的差别对比来激发群体成员对某个特定岗位的兴趣，而且能够指引后来成员的人生发展。需要注意的是，群体目标、群体中权威者对人生历程的反思总结、社会价值体系等因素都会直接影响上述生活目标指点的具体表现。

5. 培养社会角色

我们可以将社会角色理解为在特定群体或社会中既拥有一些权利和义务，又在特定行为规范约束下进行活动的人，如老师、学生、母亲、儿子作为社会角色都既抽象又真实存在，在他们身上可以寻得社会所期望的部分权利、义务和行为规范。不同社会角色占据着社会结构中的不同位置，而社会整体就是由这些占据不同位置的社会角色所构建起来的。

从综合的角度来看，人的社会化就是要培养社会角色，即将他培养成群体和社会认为合格的角色。例如，父母对子女的教育是希望他们成为好儿子、好女儿，教师对学生的培养是希望他们成为合格的学生。这里后者都是社会角色，而那些具体的儿子、女儿、学生都是角色的扮演者。社会化的基本任务就是培养他们能按照要求扮演社会角色。当然，社会角色培养的内容远不止于此。例如，在人的婴儿期、青年期，性别角色社会化也是一项重要内容，而政治社会化也会渗透于各种对后来者的教导之中。

二、个性化

（一）什么是个性

个性也称"人格"。按照研究人的社会化的社会心理学家们的看法，人的社会化主要是指个体通过社会化形成比较稳定的心理特征，从而走出由本能支配的状态。在社会心理学家看来，个人的稳定心理特征的总和就是个性。

美国社会心理学家奥尔波特（G.W.Allport）在分析和个性相关的诸多定义后，强调要从个人特征、人的行为的整体性、个人对环境的适应性及其他等多种角度来看待个性。此外，他还强调个性指的是个体自身拥有的、决定个体为适应环境而做出相关反应的精神胜利系统的动力组织，其本质上具备很强的开放性，可以与周围环境建立起物质和能量上的联通，它能够让个体不断平衡自我、推动个体内部不断发展。

社会心理学家认为个性对于人们的行为、人与人之间在行为上的差异都有某种导向性影响，其主要表现在兴趣、气质、性格及其他诸多方面。在面对同样的社会情况时，兴趣、气质、性格等方面有差异的人会因之产生不同态度、不同行为，这也充分表现出个性的导向性作用。

（二）个性的形成

人的个性不是与生俱来的，很大程度上受个体后天所经历的社会生活所直接影响。以生理素质为前提的个性，对于个体的社会实践和社会化来说是很重要的。此外，每个个体自出生起都有不同的兴趣和态度，当然也存在性别和体质等方面的差异，这也侧面反映出生理因素对个性的影响之深。

社会因素可以明显、深远地影响人的个性，虽然人的先天生理基础会影响人的个性，但人后天所经历的社会实践活动和社会化过程会或多或少地改变这种基础性影响，进而强化或者抑制人的态度和行为的发展进程。例如，在家庭中，父母为激发孩子兴趣而开展各种活动，以此来提高孩子的自主性，强化孩子的自信心；某些群体开展小组活动，能够帮助内向者更加活泼外向；小组负责人的职位能够帮助没有自信的人提高自信心，使他通过一系列的锻炼成为高综合素质的领导；未知的遭遇会让本来活泼外向的人变得一蹶不振。以上各种情况都可以反映出社会因素能影响一个人的个性。换句话说，人的个性以生理素质为基础，经过后天社会实践活动所构成，在这个过程中，社会化会很大程度地影响个性的构成。

（三）社会化在个性形成中所起的作用

1. 个性与社会个性

一个人在生理素质的基础上，经过较长时间的社会实践活动和社会化形成个性。不同个体因生理基础和所经历的社会实践活动不同，其性格会有某些差异，但又会有许多相同之处，这是社会因素在社会化过程中的重要作用导致的。在同一个群体或社会中，个体社会化的外部环境是相同的，群体或社会则用同一种标准去要求、塑造同一类个体，其结果是同类个体有相似的个性。社会心理学家把同一群体中多数成员共同具有的心理特质和性格特点称为"社会个性"。

社会个性是一个集团的大多数成员性格结构的核心，是这个集团共同的基本经验和生活方式发展的结果。不同性别、年龄、民族、阶级和阶层的人们构成不同的群体，具有独特的心理和个性，即形成不同的社会个性。例如，社会上有男人性格与女人性格、老年人性格与年轻人性格、农民性格与知识分子性格之分，实际上就是指的社会个性。社会个性实际上是一个群体中成员个性的共同方面，它是在共同或相似的社会生活中形成的。

2. 雷同性格与人的能动性

雷同性格现象指的是同一群体中的多个成员在个性、性格等方面极为相似。在社会中，这种性格表现为社会个性在群体成员的性格中的反映程度远远超过社会其他部分在群体成员的性格中的反映程度。可以把群体成员看作一个个模型，而不同模型有着一致的态度和行为。群体和社会的各个成员在经历社会化过程时，如果过于受群体和社会的控制和约束，他们就会表现出各种程度的雷同性格，因为群体成员过渡社会化的终点就是雷同性格。社会化的力度过大，对于群体成员而言，会导致他们的性格发生内陷，进而使他们降低甚至失去自信心和主动性、阻碍其创造意识和独到见解力的发展；对于群体而言，会直接导致群体成员产生雷同性格，这样一来他们在看待问题、处理问题时就会不加思考、没有独到见解，没有主动挑战的动力，进而让整个群体变得毫无活力可言。由此可知，过渡的社会化会对社会化产生阻碍作用，因为在通常情况下，过渡社会化的出现是集权制、单一社会化方式出现的前兆。

第二节 社会分层与社会流动

一、社会分层

"分层"一词源于地质学家分析地质结构的专业术语，主要用于形容地质结构。社会学家认为人们的社会生活像地层结构，不平等不仅存在于人与人之间，也存在于群体与群体之间，他们便以此论调和地质学中分析结构的方法为基础，创造出"社会分层"的概念。

社会分层指的是社会中的成员根据一定的标准，可以被划分至不同等级、不同层次，这些等级和层次是有顺序的。社会分层反映出社会的不平等，而它所研究的正是人们所处社会位置的不平等，这对于分析社会结构和社会变迁是十分有利的。

社会分层研究的主要内容是社会分层的方法和标准及其具体功能。

（一）社会分层的方法和标准

1. 社会分层的方法

社会分层的方法主要有主观法、声誉法、客观法等。

（1）主观法

主观法也称"主观评分法"，它是由人们根据某种标准，对自己的情况进行归类，判断自己处在社会分层体系中的哪一层的方法。主观法的目的是测量人们的阶层归属意识，因此，自我主观评价与客观情况可能会有所偏离。

（2）声誉法

调查员从一个社区中选出一些熟悉该社区情况的人作为评判员，让他们按照事先规定的高低层次给本社区成员分层归类。调查员可以对各层成员的情况进行比较分析，从中找出人们进行声誉分层的标准。

（3）客观法

客观法是用可以直接测量的标准，如收入、受教育程度等对人们进行层次划分的方法。由于收入、受教育程度、住房条件等现象客观存在，并且这些因素不受主观因素的影响，因此，使用这种方法可以客观地进行分层，较少受人们价值观的影响。

社会分层的研究方法在上述3种基本方法外，还包括基尼系数法、恩格尔系数法、不平等指数法。

2. 社会分层的标准

通常情况下，社会以以下几方面为标准进行分层。

（1）收入

一个人的收入决定了他的消费方式、生活习惯、安全感、积极性等诸多方面的表现，对于社会分层而言是很重要的。

（2）职业

一个人的职业地位代表着其所占据的具体的社会地位，是其开展社会活动的主要阵地。包括职业环境、职业声望、视野生活在内的职业范围和职业性质会直接影响一个人的社会表现和其具体的社会流动趋势。

（3）教育程度

教育程度可以将一个人的能力、知识、技术、价值观、审美观等特性从侧面反映出来，会贯穿于人类个体的全部生命过程，在如今社会飞速发展的大背景下，它对于社会划分层级变得愈发重要。

（4）权力

权力意味着一个人在群体和社会中向别人施加影响的能力，因而权力的大小往往会影响一个人的性格、态度和行动意向。处于同一权力层的人对社会政策的评价、对社会现象的看法具有较大的共同之处。

此外，家庭背景、居住区位等都可以作为分层的标准。

（二）社会分层的功能

在社会学领域，关于社会为何分层这个问题一直都是社会学者关注的焦点之一，由此产生的各种理论派别众多，学说杂陈。其中主要有功能论、冲突论的视角。功能论学说强调社会分层的统一性和整体性，以杜尔克姆、沃纳、帕森斯、戴维斯为代表；冲突论学者则强调社会分层的对立性，认为冲突关系、不同社会发展时期的主要社会关系对社会分层现象的出现起决定作用，以马克思、达伦多夫等为代表。

1. 功能论视角

功能主义是一种社会有机体的观点，这种观点强调社会中的任何一处都承担着特定的功能，并以此为基础来确保社会作为有机体稳固发展。从功能论角度看，客观存在的社会分层有利于维持社会的方方面面。

最早解释出社会分层原因的人是法国社会学家杜尔克姆，他强调人类从原始社会到文明社会的进化表现是人类群体的分工不断专业化，其相互依赖性、相互合作性愈加丰富，其中的"依赖""合作"由社会规范而来。人们的分工本质上是一种有机结合，而社会分工会产生异质性和相互依赖。其中的有机结合提倡社会成员要具备个性，社会成员的个性越独特明显，社会就会越团结、越牢固，社会分工相互依赖的特征就越明显。换句话说，杜尔克姆认为，社会层次本身所要求的合理配置社会成员与各种社会工作，能够促进社会的前进而发展，这也是其真正的产生源头。

美国学者沃纳在20世纪30年代至40年代就美国一个小型社区展开了社会分层的实证研究，他认为社会分层具备特殊的功能，可以将所有社会成员在社会的不同位置上共同构建出协调的社会有机体。

帕森斯以自己所创的结构功能理论为基础，对社会分层的产生也进行了相应的阐述。与杜尔克姆、沃纳不同，帕森斯并没有直接解释社会分层的功能，而是优先考虑社会分层的概念，他认为导致社会分层出现的因素是社会的历史、文化和环境，不同社会制度具备不同程度的重要性，而将这些社会制度有序排列起来所形成的产物就是社会的共同价值体系，进而成为决定人们拥有何种社会地位重要衡量标准。可以看出，帕森斯的观点并没有将社会分层和社会分层的功能加以联系，但他的观点可以明显反映出功能主义基础，简单地说帕森斯只是将制度体系和价值体系当作社会分层与社会分层功能的中间变量。

综上所述，功能论强调社会分层之所以存在，是因为它对社会和社会成员发挥着积极作用。

2. 冲突论视角

冲突论是社会学中分层理论的另外一种视角，其代表人物是德国的马克思和达伦多夫等人。冲突论者认为，由于有价值物的稀缺性，人类的冲突是难以避免的，表现为一种常态的社会互动形式，冲突是推动社会变迁的根本动力。

在西方学者眼中，马克思是早期冲突论的代表者。马克思认为，自然分工是社会分工出现的原因，社会分工又是私有制出现的原因，而私有制会衍生出阶级，在这个过程里，社会成员之间、社会成员与社会整体之间的冲突是不断的。继马克思之后，达伦多夫也从很多方面对社会分层加以阐述。在他看来，社会分层的出现与社会所存在的权力关系有很深的联系，这种权力关系会强制地奖励或惩罚社会成员及社会群体。此外，他还认为社会拥有稳定、和谐、共识和变化、冲突、强制两方面内容，而根据他就冲突论所提出的假设，任何社会都存在一部分成员强制另一部分成员的现象。

总的来说，社会冲突论认为，社会分层制度是由有权势者的利益促成的，它是有权势集团的价值标准体现，这种分层实际上包含着不平等性，而且它妨碍了社会发挥其最理想的功能。

很显然，西方的功能理论和冲突理论在对社会分层的社会功能问题上各持一端，但都提出了一些有价值的观点和看法。事实上，对社会分层的功能和作用要用马克思主义的辩证方法来分析，既要看到社会分层的积极作用，也要看到社会分层的消极作用。

从积极作用看，第一，社会分层现象的存在，使社会在生产力水平不能满足全体成员需要的情况下，能够保证一批社会精英把全部精力投入社会创造性活动中，从而有力地推动社会进步；第二，由于社会分层和社会差别的存在，形成了一种竞争机制，激励着人们去奋斗、去竞争，争取向上流动，取得较好的社会地位，从而有力地推动社会的发展。

从消极作用看，第一，社会分层导致社会不平等，尤其是导致剥削、压迫现象的出现，不可避免地要形成阶级对抗和阶级斗争；第二，社会分层和社会差别的广泛存在，也是社会犯罪的重要根源。一些人无法通过合法手段谋取更多的社会资源和报酬，就会转而通过非法的途径去争取。

二、社会流动

在研究社会分层时，我们不但要注意各个社会阶层之间的静态差异，还应该考虑个人或群体社会阶层的动态变化。社会结构的调整过程主要就是通过社会流动实现的。如果说社会分层研究主要是从静态角度研究社会地位结构，那么，社会流动研究则是从动态的角度研究社会的地位结构。

（一）社会流动的含义和类型

1.社会流动的含义

社会流动指的是社会成员的社会地位、职业发生转移和变动，由于社会关系空间和地理空间的关系很紧密，所以地理空间的转移和变动也是一种社会流动。社会流动一方面有利于社会成员的发展，另一方面也有利于社会结构的维持和前进。

2.社会流动的类型

（1）以流动方向划分

以流动方向为标准，社会流动包括水平流动和垂直流动两种。

水平流动指的是在社会地位属于同一等级的前提下，从一处转移到另一处。水平流动包括不同地区之间的转移变动和同一地区里不同工作群体或组织之间的转移变动，它牵涉到自然资源、物质财富和人才资源等多方面的分配和使用，对人口的地区分布和同一产业内部结构的更迭都有着重要意义。此外，水平流动可以促进人员之间的交往、各地区和群体之间的交往，能突破地区和人群的限制，进而推动社会向前发展。

垂直流动指的是在等级不同的基础上所进行的变动和转移，无论向更高地位、等级的社会流动还是向更低地位、等级的社会流动，都属于这种流动，向更高等级的社会流动称作向上流动，向更低等级的社会流动称作向下流动。垂直流动可以发生于不同地区之间，也可发生于同一地区里，无论哪一种，都深刻影响着社会成员以及社会的阶级、阶层、产业结构。对于社会而言，如果向上流动的频率大于向下流动，则说明社会在向前发展，反之则是向后倒退。

（2）以衡量流动的参照基点划分

以衡量流动的参照基点为标准，社会流动包括同代流动（一生中的流动）和代际流动（异代流动）。

同代流动指的是同一个社会成员的社会地位，在很长的一段时间里发生转移和变动，其参照基点是社会成员的最初职业。这种流动可以对社会成员的社会地位的变化趋向和变化速度加以记录和钻研，并从中总结出背后的原因和特性。同代流动常将标准设定为社会成员的职业地位。

代际流动指的是在同一家庭里上一代人和下一代人之间社会地位的转移和变动，其参考基点是父母在同一年龄阶段的职业和社会地位。社会学家以比较同一年龄阶段的父母和子女在社会地位上的差异为基础，发现了导致代际流动的真正缘由，进而研究出社会发展、变化的真正规律。

（3）以流动原因划分

以流动原因为标准，社会流动包括自由流动和结构性流动。

自由流动指的是因个人导致的地位转移和变动。自由流动对社会基本结构和人口分布的影响不是很大，所以它也被人们视为"非结构性流动"。

结构性流动是由于社会结构的变迁而造成的个人地位变化。这种社会流动通常具有规模大、流动速度快、变化急促等特点。结构性的流动会在短期内影响社会结构和人口分布的变化。

（二）社会流动的模式

1. 开放式流动

开放式流动是社会成员在各阶层、职业间流动不受制度性限制的流动模式。在这种模式中，所有的职业、职位对全体社会成员都是开放的。

2. 封闭式流动

封闭式流动是社会成员只能在一定范围内流动的社会流动模式。这种流动模式存在于传统社会中，它常常把社会成员分为几大类别，彼此之间建立壁垒，限制了社会成员能力的最大限度发挥，容易积累社会矛盾和冲突。

3. 混合式流动

混合式流动是在一个社会中既有开放式流动，又有封闭式流动的状况。社会成员可以在一定的范围内流动，但不能进入另一个封闭的领域。例如，在封建社会，平民可以由仕途或军功而为将相，但一般不能封王，除非他们造反而自立为王。

（三）影响社会流动的因素

社会流动作为影响所有社会成员和社会群体生活的普遍现象，受诸多因素的制约。影响社会流动的因素大体可归纳为经济、自然、人口、社会四个方面。

1. 经济因素

一般来说，经济发展水平高的地方都是人口流向的中心，而经济发展水平相对低的地方都会向高的地方流动。高水平的地方是人口输入地区，低水平的地方一般都是人口输出地区。高水平的地方的物质条件、医疗、教育、环境都相对较好，很多人都向往，这是人之常情。

2. 自然因素

自然因素能够很明显地在空间上影响社会流动，它可以导致人口和资源的重新分配。如地震、火山爆发、洪水、干旱等自然灾害都会导致特定区域里的人口在短时间内大量转移。

3. 人口因素

人口身处自然环境中,并以土地、动物、植物、矿物和淡水等自然资源为依托而生存。作为自然资源的土地资源具备特定的承载力,如果某一区域的人口超过这一区域的土地承载力,就会导致人口的转移和变动。

4. 社会因素

在某种程度上,社会流动源自社会本身,这就需要人们从社会总体入手,以此为基础才可挖掘出真正导致社会流动的社会因素。社会因素包括以下三种:第一,社会价值观。它能深刻影响社会流动,因为地位、声望、财富等社会价值观认可的元素会很大程度地影响社会流动。第二,战争、民族歧视、民族压迫。这种因素对于社会流动来说时有发生。在中国,因自然灾害而出现的人口流动被称作"逃荒",而因战争、民族压迫而出现的人口流动被称作"逃难"。难民大量转移的现象往往伴随战争和民族压迫的出现而出现。第三,社会变革与社会革命。这种因素能够导致社会的结构发生变化。社会改革让政治经济制度和产业制度发生改变,这也是一种社会变迁,其结果是人口在空间和职业阶层等层面都发生一定的转移和变动。

(四)合理的社会流动是社会良性运行的重要机制

1. 合理的社会流动的一般标准

可以推动社会良性发展的社会流动是合理的社会流动,这种社会流动能符合两方面的要求:首先,在量上合理,也就是说这种社会流动可以满足社会需要、社会承受力在总量上的需求,社会流动量因此会维持在社会发展、社会承受和允许的承受范围之内;其次,在质上合理,也就是说这种社会流动所秉持的原则要合乎社会基本制度的要求。

在现今社会的发展时期,合理流动要以机会平等为原则进行。为达到这一目的,需要合理流动同时以普遍性原则和自获性原则为基础。其中,普遍性原则能够衡量社会地位的开放性质是否足够科学;自获性原则可以衡量个人获得社会地位的条件是否足够科学。

2. 合理的社会流动对社会运行的协调作用

社会分层能彰显人们在观念和利益方面的区别,以此可以决定人们在社会中的具体行为。这些差别对各个层次之间的沟通和协调产生着负面影响，也会导致社会隔阂和社会冲突出现。此外，合理的社会流动能对社会的良性运行发挥积极作用，主要表现为以下几点：

（1）合理的社会流动能够帮助社会进一步稳固社会分层结构上的推动性，进而让社会中的封闭、固定的分层结构转变为开放、动态的分层结构，进一步弱化甚至消除社会成员之间的不平等。当社会分层不可避免地发生时，合理的社会流动能够降低社会成员之间的差别，并消除因地位差别产生的隔阂和矛盾，且进一步协调社会成员和社会分层结构之间的联系，让社会成员更有可能提高自身的社会地位，社会本身也会因此更加公平、更加稳定。

（2）合理的社会流动可以进一步拓宽社会各个层次之间的接触范围，让一个社会阶层对另一个社会阶层的了解和联系、社会的整合程度都取得相应的改善，且能够减少社会的矛盾，进一步推动社会的运行和前进。

（3）合理的社会流动可以提高社会成员的积极性，让他们更加富有进取心。对于能力高的人来说，获得更高的社会地位是社会给予他的奖励，能力高的人也会因此变得更加积极、更加富有聪明才智，社会也会因此更具活力，同时这也能让社会的高水平良性运作得以实现。

第三节　社会问题与社会控制

一、社会问题概述

人类社会的发展进程，本身就是一个不断发现问题，并随之解决问题的历程。因此，从某种意义上说，没有社会问题的发生与解决，也就不会有人类历史的进步。所以，社会学要想研究与揭示社会运行发展的规律，就必然要研究现实存在的各种社会问题。

（一）社会问题的含义

任何社会都不可能完全理想地存在和运行，都不可避免地存在这样或那样的问题，这些对社会的运行造成或大或小不利影响的现象就是通常我们所说的社会问题。那么，哪些问题属于社会问题，哪些又不是社会问题呢？要想解决这个疑问，首先就要对社会问题进行定义。

一般情况下，可以从广义和狭义两方面看待社会问题。第一，从广义角度看待社会问题，要求宏观地去看所有和社会生活有关的问题；第二，从狭义角度看待问题，指的是社会结构和社会环境会因某些因素而出现问题，社会部分成员乃至全体成员的生活会受到负面影响，且社会的正常秩序、社会运行的安全都会有所动摇，在此基础上发动社会力量来对这种因素加以掌控。社会问题本就是一种社会现象的客观体现，当然它属于社会公共问题，这就需要特定的"社会行动"来进行相应处理。

本节主要为读者讲解狭义上的社会问题。

（二）社会问题的构成因素

我国社会学家认为社会问题有四个构成因素。一部分学者也认为要从四个角度来深入考察社会问题，具体包括发生的情境、价值和规范以及利益等三方面的失调或破坏、不是仅由少数人造成的或能负责的、必须通过多数人甚至整个社会来规划改进措施；另一部分的学者则认为，社会问题的构成主要包括其形成原因、影响范围、问题性质以及社会后果。而郑杭生认为，社会问题的四个构成因素分别是必须有一种或数种社会现象产生失调情况的因素、这种失调影响了许多人的社会生活的因素、这种失调引起了社会多数成员的注意的因素和这种失调必须运用社会力量才能予以解决的因素。[①]

（三）社会问题的一般特征

通常情况下，社会问题的一般特征包括普遍性、破坏性、复杂性、集群性和时空性。

1. 社会问题的普遍性

社会问题的普遍性指的是萦绕在每个民族、每个国家、每种社会的现实生活中都存在同样的社会问题，这种问题不仅存在于发展中国家，也存在于发达国家；不仅存在于社会主义国家，也存在于资本主义国家。

社会问题的普遍性又有两重含义：一是指任何国家和社会都会存在社会问

---

① 郑杭生.社会学概论新修（第四版）[M].北京：中国人民大学出版社，2013：389.

题，如环境污染问题和犯罪问题，任何一个国家或多或少都会受其影响；二是指一个国家和社会在不同的时期有着这样那样的社会问题。

2. 社会问题的破坏性

社会问题的破坏性是指它违背了人们所期望的社会状态，不符合人们的价值期望，并对人们现有的正常生活造成了比较严重的影响。社会问题的破坏性主要表现在三个方面：第一，它打断了人们的正常生活；第二，它给社会带来了困扰和麻烦，人们必须动用一定的社会资源才能解决这些问题；第三，它给社会进步带来障碍，阻碍了社会发展。

3. 社会问题的复杂性

社会问题的复杂性指的是社会问题的产生原因、存在方式、表现形式、可能引起的后果都十分复杂，也就是说社会问题包括很多复杂的因素，通常情况下以几个问题共同存在的形式出现，这种情况会导致很严重的社会后果。例如，我国当前所存在的人口问题，产生因素包括社会因素、现实因素、历史因素，且它的表现形式复杂多样，如家庭结构复杂、人口性别比例不均衡、人口老龄化、生育政策的实施等等。

4. 社会问题的集群性

社会问题的集群性指的是社会问题通常不会以单个形式存在，现实生活中，社会问题总是成群成堆地出现，其破坏性是很强的。

例如，目前中国比较突出的是人口问题，但其他社会问题，如住房问题、就业问题、家庭问题、失业问题、教育问题等，都和人口问题有或多或少的联系。

5. 社会问题的时空性

任何社会问题都有一定的时空特征，即它们是发生在一定时间和空间之中的。所以，不同社会、不同阶段所面临的具体社会问题是不同的。例如，人口问题在今天的中国是个严重的社会问题，但在古代社会就不是太大的问题。

（四）社会问题的类型

现代社会的问题，按照不同角度看可以出现不同类型的结果。从影响范围角度看，可将社会问题划分为全球性社会问题和地域性社会问题两种。

从具体表现形式角度看，社会问题包括人口问题、环境问题、交通问题、劳工问题、贫困问题、犯罪问题、教育问题、家庭问题、生态问题等多种问题；从发生的领域角度看，社会问题包括政治性社会问题、经济性社会问题、文化性社会问题、日常生活中的社会问题等问题；从性质的角度看，社会问题包括社会发展矛盾问题、管理功能失调问题、社会病灶问题等问题；从产生的历史条件和地区差异角度看，社会问题包括普遍性社会问题和特殊性社会问题两种，普遍性社会问题指的是如环境问题、犯罪问题等在特定阶段里各个地区、各个国家都或多或少存在的社会问题，而特殊性社会问题指的是在特定阶段里只在某一地区、某一国家的社会问题，如我国存在的人口问题；从产生根源角度看，社会问题包括结构失调性社会问题和功能失调性社会问题两种，结构失调性问题指的是社会结构失调导致的社会问题，功能失调性社会问题指的是社会结构在局部出现障碍甚至病变而丧失特定功能所导致的社会问题。

（五）社会问题产生的一般原因

国内有很多学者都已经深入研究了社会问题产生的原因。郑杭生教授指出，在当今的中国，社会问题产生原因包括历史遗留、国家处于转型中两类原因；吴忠民教授强调社会问题产生的原因包括自然环境的变化、人口的变化、社会心理和文化的变迁等原因。

第一，自然环境的变化。主要就是人与自然环境关系的失调。一方面，地震、洪水、干旱、海啸等自然灾害会严重威胁人类的生存，并随之带来贫困问题、疾病问题、饥荒问题等；另一方面，人们对自然环境的人为破坏也产生了一系列社会问题，如每年北方的沙尘暴就跟前些年滥砍滥伐森林有很大的关系。

第二，人口的变化。人口过多或过少都不利于社会发展，人口在数量、质量和结构方面的任何变化，都会带来相应的社会问题。

第三，社会心理和文化的变迁。在社会发展过程中，人们的人生观、价值观、理想信念发生变化，以及外来文化渗透等，都有可能带来社会问题。

（六）当代各国普遍存在的社会问题

社会问题的存在和造成的影响具备很强的双面性。一方面，社会问题会拖后社会的现代化进程；另一方面，社会也可以通过解决社会问题的方式来推动自身的发展。所以，社会问题既可能阻碍社会发展，又可能推动社会进步。

对于目前世界有哪些社会问题，不同的学者有不同的看法，但以下几个层面基本成为大家的共识。

1. 人口问题

人口数量、人口质量、人口结构等元素与人类的物质资料生产、社会正向运行之间出现不和谐、不相称的现象时，就会导致人口问题出现。换句话说，人口问题指因人口生存和发展所导致的所有问题，包括人口自身的发展以及人口与社会、人口与经济、人口与自然相互作用过程中所产生的生存、发展问题。人口问题就其本质来说，是人类自身生产和再生产与物质资料生产和再生产两者的相互适应问题。人口问题主要有三种表现：首先，从人口数量层面看，人口问题指的是人口增长过快、人口规模膨胀速度过快，也就是所谓的"人口爆炸"；其次，从质量层面看，人口问题指的是人口中未受教育或受教育程度低的人占比增大，不健康甚至拥有疾病的人数过多；再次，从人口结构层面看，人口问题指的是人口整体在年龄、性别、城乡、物质等方面的结构以及物质生产、社会生活、人类社会可持续发展等多个方面出现不和谐现象的问题。

人口问题在世界各国的具体表现是不同的。发达国家多表现为人口老化严重，结构性失业，新增的劳动力资源赶不上经济发展的需要等；发展中国家则多表现为人口年均增长率高，人口绝对数大，因劳动力增长快而失业严重，人口素质低等。

2. 环境问题

当人类周围环境因人类的活动而出现人类生产、生活、健康等方面的质量变化时，环境问题也就随之出现。人类对自然环境的改造和对社会环境的构建不会让自然环境的固有规律被打破，而社会环境也是在自然环境的影响下以特定规律运转的。换句话说，环境问题是由于人类和环境之间的互相影响、互相作用而产生的。

环境问题主要有两种。第一种环境问题是自然因素被破坏、被污染所导致的，包括火山活动、地震、风暴、海啸等。自然环境中的元素分布不合理会引起地方病，而其中的放射性物质会导致放射性疾病。第二种环境问题是自然环境受人为污染、人为破坏所发生的。人类将生产和生活过程中出现的各种污染物排入环境，这些污染物就是环境问题的源头。当污染物含量超过环境承受范围后，环境就会被破坏、被污染，人类开采自然资源、运用自然资源也是如此，甚至更为严重。

上述所说都属于环境问题,而通常情况下提到的环境问题,大多是指后者。现如今,人类正面临自然环境日渐污浊化的巨大挑战,而且这种挑战覆盖整个地球,它时刻威胁着人类的生存和繁衍。

就实际情况看,对人类生存造成威胁、人类主动发现的环境问题包括全球变暖、臭氧层破坏、酸雨、淡水资源危机、能源短缺、森林资源锐减、土地荒漠化、物种加速灭绝、垃圾成灾、有毒化学品污染等多种问题。

进入21世纪以来,我国加大了环境保护的力度,将节约资源、保护环境作为一项基本国策。

3.犯罪问题

犯罪,简单地说就是违犯法律的行为。制定法律的根本目的是保护个人权利、维护社会规范和社会秩序,所以,我们可以把犯罪理解为破坏他人的权益、违反社会规范和破坏社会秩序的严重行为。[1]

犯罪也是一个世界性的问题。在过去的100多年间,世界上绝大多数国家都经历了犯罪行为上升的趋势。同时,犯罪行为越来越奇特,社会治安越来越错综复杂。

中国作为一个处于转型中的发展中国家,同时也要承担社会结构变化引发的犯罪问题。

4.贫困问题

由于贫穷所直接产生或间接产生的社会问题就是贫困问题,它是目前世界范围内最尖锐的社会问题之一。所谓"贫困",主要指的是在物质方面短缺,主要分配机制不公平、生产力不发达等多种复杂因素所导致。从地域划分角度看,我国的贫困问题包括城市贫困问题和农村贫困问题两类。

贫困本身既简单又复杂,其复杂表现为直到如今也没有能够确切衡量贫困含义的标准,且贫困问题一直是学者们争论的主要话题,这种争论伴随时间推移正慢慢复杂化。然而,贫困又是简单的,其简单表现为贫困本身一直客观地存在着,与定义、衡量标准无关。由此可知,贫困能够形容又不仅仅形容一种物质生活的状态,它也可以形容社会结构状态。

作为一种问题,贫困具备很强的复杂性。从经济学理论角度看,贫困包含经

---

[1] 应星.社会学概论[M].北京:中央广播电视大学出版社,2010:176.

济、社会、文化等方面的落后现象，人们更愿意将贫困理解为经济上的贫困，也就是生活贫困，具体是说一个人或一个家庭的生活水平在大众接受的社会最低水平之下。贫困的出现是历史和现实共同影响的，所以贫困也可以用于形容历史性的范畴。不同划分标准下的贫困有很多类型，其中包括绝对贫困和相对贫困、生存型贫困、温饱型贫困和发展型贫困，也包括区域型贫困和个体型贫困、城市贫困和农村贫困、狭义贫困和广义贫困等。

我国从改革开放开始就已规划有组织、大规模扶贫开发的措施，这些措施也卓有成效，堪称举世瞩目。扶贫开发很大程度地推动了经济、政治、民族、边疆巩固和社会和谐等多方面的发展，当然也极大地推动了全球减贫事业的发展。

需要说明的是，目前我国脱贫攻坚战取得了全面胜利。

二、社会控制

在任何社会中，统治阶级想要推行特定的社会价值观念，就需要构建一定的社会控制体系，并始终加以维持，以此来保证目标的实现。"社会控制"作为一种概念在社会学中占据重要位置，它由美国社会学家罗斯（E.A.Ross）于1901年在《社会控制》一书中开创性地提出。罗斯认为，社会控制指的是有意识、有规划的社会统治，能够控制人的动物天性，进而约束人们的各种行为。但是，这种观点还是比较片面，因为这种观点没有考虑到人的社会性，所以就不能用来解释具体的社会问题。社会控制就是一种与天生的自我约束不同的另一种对人的行为进行约束的过程，它不是依赖先天而是依赖后天的，不是依赖自然生物而是依赖社会的因素来调解人们的行为，以维护社会的秩序。

（一）具体概念

社会控制的具体概念指的是以社会力量为基础约束和限制人们的具体行为，并让人们按照特定的社会规范进行活动的社会过程。

社会控制分为广义和狭义两种。从广义角度看，社会控制指的是社会对社会成员产生的所有影响，其目标是让所有社会成员以社会规范为标准来调控自身行为；从狭义角度看，社会控制指的是对有悖社会规范的行为进行约束甚至惩罚，其目标是防止社会成员做出越轨行为，时刻以社会规范为行事准则。一般采用前者作为研究社会学的基础概念。

（二）社会控制的特征

1. 从社会控制的本质上看，具有普遍性与阶级性

一方面，任何社会都需要社会控制及其相应的控制机制；另一方面，社会控制是以一个社会的所有成员为对象的。阶级社会里社会控制的目的及与此相关的行为规范和控制手段，都体现了统治阶级的意志。

2. 从社会控制的方式上看，具有统一性与强制性

统一性包括三点：第一，社会控制体系内各种手段的统一性。社会可以从组织、制度、文化等多个角度实施控制，这些控制手段之间存在互补、协同的关系。第二，社会控制范围的统一性。社会应该以整个社会本身为有效的控制范畴，而不能仅仅将控制实施于某一局部。第三，控制准则的统一性。社会在实施控制时，要秉持对社会成员一视同仁的原则。

社会控制在阶级社会中的表现即为阶级压迫，任何社会都会有反社会分子的存在，所以社会需要运用一定的强制性手段对社会进行有效控制。不管是在人身自由受到严厉限制的专制社会，还是在自由开放的民主社会，社会控制都带有某种程度的强迫性。

3. 从社会控制的作用及其过程看，具有社会控制的多重性与闭环性

社会控制的多重性主要体现在手段的多样性上。而闭环性则是指社会控制系统是一个拥有循环回路的闭合系统——决策、实施、监控、反馈逐步循环进行。任何控制行为的效果都会通过反馈环节重新作用于决策过程，从而对社会控制的过程和方法不断进行优化。社会控制的闭环性决定了社会控制系统具有自我调节和自我修正的特性。

（三）社会控制的分类

1. 按控制的意志方向划分，分为宏观控制与微观控制

宏观控制指的是社会以政权力量为基础整体地控制政治、经济、文化、意识形态等诸多社会的方面。宏观控制对稳定社会、促进社会进步意义重大。微观控制是相对宏观控制而言的，是指在社会生活和各种具体领域所实现的控制。这些生活领域涉及人们最基本的需要，包括衣食住行、婚丧嫁娶等。微观控制的实现

有赖于宏观制度的健全和完善。

2. 按社会控制的功能性质划分，分为积极性控制与消极性控制

积极性控制指的是通过舆论、宣传、教育等方式在价值观、行为方式等方面引导并鼓励社会成员遵守社会规范。也就是说，积极性控制的主要作用是引导和防患。消极性控制是对已经发生的违反社会规范的行为进行惩罚，造成危惧，以达到警告避免本人再犯或其他社会成员效尤的目的。消极性控制的功能主要体现在对不规范行为的惩罚上。

3. 按社会控制的性质划分，分为硬控制与软控制

硬控制是通过法律、纪律、条例、命令和政策等强制性手段对社会成员的控制。所谓硬，是指所采用的手段均为硬性的制度化手段。软控制是指运用风俗、习惯、伦理道德，以及广播、电视、电影和印刷物等传播媒介的宣教，来影响社会成员的价值观念和行为方式。

4. 按社会控制的作用力方向划分，分为外在控制与内在控制

外在控制指的是以社会力量为基础提高社会成员对社会规范的服从度，这种控制是从外部作用于人的；内在控制又被称作"自我控制"，指的是社会成员以内化社会规范为起点，自发地用社会规范约束和衡量自身的价值观和行为习惯，它具备明显的自省性。

5. 按控制的手段划分，分为制度化控制与非制度化控制

制度化控制是按照一整套的成文规定，由某种组织体系加以推行的一种社会控制形式。制度化控制包括法律控制、宗教控制、规章制度控制等，是以制度作为依据和准绳进行的社会控制，是必须严格执行的控制。非制度化控制形式并不是以明文规定的条文来实现，而是按照约定俗成的做法以及社会成员中的相互影响来实现。非制度化控制包括习俗控制、道德控制、社会舆论控制等。其中，社会舆论控制在非制度化控制形式中表现最为突出。

（四）社会控制的功能

保障社会的某些秩序是社会控制的基础功能，而任何社会想要稳定和发展，就要以社会秩序为基础。

1. 社会控制的正功能

（1）能将以社会目标为基础的社会价值观和社会行为模式提供给所有社会

成员，并通过调控、约束和引导等方式来规范社会成员的行为和关系。

（2）能在社会地位、社会权利和义务等方面规划社会中各个群体和各个集团，并管控它们的竞争范畴、协调它们之间的利益冲突，降低对抗性冲突出现的概率。

（3）能协调社会中各运行系统之间的关系和运行轨道，通过在运行方向、运行速率等角度管控的方法让其在功能、结构上保持配合和平衡的状态，使得社会各运行系统在运行步伐上尽量保持一致，从而推动社会的整体发展。

2.社会控制的负功能

社会控制具有维护社会秩序、促进社会发展的正功能，但在一定条件下也可能存在负功能，对个人和社会的发展起阻碍作用。一是僵化的社会控制模式不利于个人和社会的发展。当社会控制所维护的社会秩序发生了变化，人们对利益的诉求有了发展时，原有的社会控制体系就会对人们的创新行为和价值观念的更新起阻碍作用，进而阻碍社会进步。二是不合理的社会控制会产生和扩大社会矛盾，影响社会稳定。社会控制是统治阶级维护阶级利益的手段。如果统治者实施社会控制的出发点只是为了维护少数人的既得利益，而不顾大多数群众的利益，就会诱发社会矛盾，严重的可能酿成社会冲突。三是片面的社会控制会妨碍社会的发展。如果将社会控制仅仅理解为对人们社会行为的严格约束，把社会稳定作为社会控制的唯一和终极目标，那么，这样的社会控制就不利于社会成员积极性和创造性的发挥，不利于社会发展。

（五）社会控制的手段和过程

1.社会控制的手段

（1）组织手段

组织手段指的是社会中的某一组织通过指令、规章制度来约束和指导各个组织成员、各个子组织的行为手段，这种手段具备范围小、层次控制的明显特征，其具体形式包括组织指令、组织规章等。

组织指令指的是在某一整体组织中，地位较高者为调控、约束地位较低者的行为而做出的规范性指示或口头指示，其实施基础是组织中地位较高者拥有一定的权威，地位较低者服从地位较高者。

组织规章指的是组织以管控其成员的行为为目的所制定的强制性规范，其实施基础是违反组织规章的人要收到一定惩罚。

（2）制度手段

制度手段指的是社会以社会本身的名义为基础，以管控所有社会成员、所有社会群体、所有社会组织的一切社会行为为目的而颁布的行为准则。制度手段以政权、法律为具体表现形式。

政权由统治阶级所掌握，国家所有权力都以其为实施前提。统治阶级以建立行政体系、设置各级政府、委任各种官员为手段来管理国家，并以军队、警察、法庭、监狱等国家专政工具为媒介来制约、裁决威胁国家利益、社会秩序的恶劣行为。换句话说，政权等同于控制社会的强而有力的具体方法。国家通过相关机关部门指定法律，并以政权为基础确保法令、法案、决议、命令等方面的正常运作。其中，法律通过以下三点来彰显权威性和有效性：第一，法律源于国家最高权力机关，并在国家政权的保驾护航下通过相关的司法机构具体实行，其明显具备至上、不可侵犯等特点。第二，它具有明显的严肃性。法律的特点是其规定严明而缺乏弹性，法律对违法行为的度量界限明显、准确，违法必惩。第三，法律具有普遍适用性。国家的法律一经制定施行，就对国民普遍适用。

（3）文化手段

文化手段指的是人类经过长期的共同生活所归纳总结的、所有成员都要遵守的行为准则和价值观念控制所有社会成员的具体手段，具体包括伦理道德、风俗习惯、信仰信念和社会舆论等多个方面。

伦理道德包括所有围绕善恶评价展开的行为规范，其可以衡量人的思想和行为的是非、善恶、正义或非正义、正当或不正当。其中，道德指的是一个人在人格上的优劣程度，符合道德的行为会被社会认可，反之则会受到社会谴责，这也让产生行为的人承受一定的心理压力，进而对所要做出的行为加以管控。此外，道德也代表人们的内心信念和社会舆论，能够让人们更加自觉地遵守社会规范，也可以指导人们的行为，调控人们做出违反道德的行为的想法，从这一角度看，道德的社会控制度并不比法律低。

风俗习惯包括人们经历长期的社会生活后所主动形成的、上下传承的、自觉遵守的所有行为方式，它可以指导和约束人们的行为，并在某种意义上管控着整个社会，违背它的人会遭受嘲笑、孤立甚至会被攻击，这些会给违背者带来很大的精神负担和心理负担。对于传统而又封闭的社区而言，风俗习惯的社会控制力度是很大的。

拥有信仰信念的人会不由自主地信服、崇拜某些超越实际、超越价值体系的力量，甚至为其奉献生命也在所不惜。例如，宗教信仰和主义信仰，因为宗教本身就是一种与神有关的信仰和力量体系，主要表现为教规、宗教仪式，它能够以教育和制裁等手段为基础对信徒们进行行为上的约束和管控。我国是一个有多种宗教的国家，在面临着重大变革的形势下，原先的社会价值体系发生变化的情况下，宗教教义却相对稳定，这使得某些信奉宗教的少数民族地区的社会秩序相对稳定，可以认为是宗教在其中发挥了一定的作用。主义信仰是人们对某种哲学理论或社会学说的认同和信服，是对某种社会理想或社会目标的自觉追求。

社会舆论指的是社会成员关于某事件、某现象所发表的议论和看法，包括各种评价。社会舆论能够代表大多数人的意见，其控制机制表现为以广为传播的某些定性看法为基础产生的某种社会气氛，让身处其中的社会成员不知不觉地遵守相应的导向和规范。社会舆论的作用方式是带有价值判断的社会评价，对某种具体的价值观或行为方向进行褒扬、赞赏或批评、谴责。

组织手段和制度手段均为硬控制，文化手段是软控制。软控制虽然不似硬控制那样具有明显的制度约束力，但是可以潜移默化地对社会成员的思想和行为产生深远的影响。

2. 社会控制的过程

社会控制过程指的是社会控制手段功能具体运行的动态过程，主要分为四个步骤。

（1）决策步骤

决策步骤是层级控制的顶端步骤，在此步骤中控制者会规划社会控制的方向和社会控制的程度，包括法律、条令等。需要注意的是，文化控制不存在决策步骤。

（2）实施步骤

实施步骤指的是控制者实施具体控制手段、控制和反控制并存的步骤，这个步骤会产生很多冲突和矛盾，而社会秩序就是这些冲突和矛盾被解决的结果。实施步骤的重心不是消除矛盾、消除冲突，而是将社会控制施加到社会成员身上，并对社会成员之间的矛盾和冲突加以协调和处理。

（3）监控步骤

在监控步骤，决策机构会监控、检查、调控具体的实施过程和实施对象。这个步骤的衡量标准是决策机构是否按照社会规范加以控制以及社会成员是否配合。

（4）反馈步骤

在反馈步骤，控制过程的输出结果对其产生的影响会浮出水面，社会控制的效果会得到反馈，并成为进一步完善社会控制的前提。

3. 社会控制的度

社会控制的度可以被理解为社会规范限制社会行为的具体程度。

（1）社会控制包括以下三个层面。①控制力度：指的是经由社会允许的、社会成员自由活动空间的大小。社会控制力度越小，社会成员所受的控制就越小，相应活动空间就越大。②控制刚度：表示越轨行为受到惩罚可能性的大小和惩罚力度的强弱。社会控制刚度越大，意味着成员发生越轨行为后受到惩罚的可能性越大，制裁的措施也更严厉。③控制网络致密度：表示作为控制途径的社会规范的严密程度。控制的网络致密度越大，意味着越多的行为将受到社会规范的控制。

（2）考察社会控制是否适度的三个角度。①历史的角度。考察社会控制的程度是否符合社会发展规律，一般而言，社会文明越进步，社会控制的程度越低。例如，在现代资本主义社会中，如果实施的是前资本主义时代社会的控制水平，则可以说社会处于欠度控制之中，反之亦然。②社会稳定的角度。社会控制归根结底是为了维护社会的稳定秩序，如果一个社会的社会控制不利于社会维持稳定的秩序，控制就是不适度的。欠度的控制和过度的控制都可能导致社会的不稳定。③社会成员自由程度的角度。在符合历史发展规律和有效维护社会稳定的前提下，应该允许社会成员有更大的社会活动空间。

想要实现社会控制的稳步实施，正确把握社会控制的度至关重要，但其难度也很大。而欠度控制对于社会稳定、社会秩序的维系都是起负面作用的，它很可能引起社会失序和社会动乱。当然，过度控制也有缺点，过度控制对于提高社会成员的积极性和创造性、提高社会活力、保持社会稳定运转、促进社会发展都是起负面作用的。由此可知，只有适度的社会控制才能将其维系社会秩序的作用发挥出来，进而提高社会成员的积极性和创造性。

第三章 环境社会学理论分析与实践探索

本章为环境社会学理论分析与实践探索,主要包括三节内容,依次是第一节环境社会学相关概述、第二节环境问题对人类社会的影响、第三节环境问题的社会治理三个方面展开论述。

第一节 环境社会学相关概述

20世纪60年代以来,环境问题日趋严重。一系列环境问题对国际社会的冲击和影响已经渗透到国际政治、经济、文化生活等各个方面,成为关系人类生存与发展的重大国际问题。环境问题的复杂性及其对人类命运的重大影响,使跨学科研究、全球治理得到前所未有的关注和重视。环境社会学作为一门交叉性的新兴学科,对环境与人类社会的关系及其影响的研究正变得越来越深入、越来越系统,指导与应对环境问题以及协调人与环境之间关系的重要性日益彰显。

一、环境社会学的内涵

环境社会学(Environmental Sociology),至今都没有一个准确与严格的定义,然而,我们在相关的社会学定义中可以理解到环境社会学的基本内涵。

美国社会学家施耐伯格(A.Sehnaiberg)与邓拉普(R.E.Dunlap)认为环境社会学就是研究社会与环境关系的学科。

美国社会学家哈姆菲利(C.R.Humphrey)与巴特尔(F.R.Buttel)认为,环境社会学不只是简单地对环境与社会的关系进行研究,同时还要对环境与社会的相互作用与相互影响进行研究,从而研究与探索人类在社会中环境对人的行为产生影响的文化价值以及信念与态度。有学者认为社会学家应该认真研究人类社会与环境之间产生冲突以及与环境形成协调发展的原因。由此我们就可以发现,把社会环境学仅仅定义成环境与社会之间的关系太过狭窄与抽象，是不能解决生活中的一些实际问题的。①

日本有关的社会学者认为，环境社会学就是对自然、物理、化学等社会环境对人类社会的影响以及人类社会之间关系的学科。简单来说，就是将社会学中探讨的社会和文化环境与自然、物理、化学环境结合，并对两者之间的相互关系进行研究的学科就是环境社会学。在社会学领域，主要研究的是人类社会行为与其他因素结合关系的学问。但是在环境社会学领域，主要的研究对象不仅包含人类群体，与此同时还包含自然环境、物理环境与化学环境。由此我们可知，环境社会学主要就是研究人类社会群体与不包含在社会环境领域的自然环境、化学环境等之间相互作用的关系。我们需要注意的是，这个观点并不代表着在环境社会学之前，社会学没有对环境进行过研究。但是，我们对先前的社会学对环境的研究进行观察，我们就会发现，社会学对环境的研究只是对文化与社会环境的研究，并没有把自然环境、化学环境等当作主要的研究对象。因此，我们就可以发现，环境社会学的创新之处就在于将不包含在社会学的自然环境、物理环境以及化学环境作为研究对象，并且还将这些环境与人类社会、人类群体之间的关系作为主要研究内容，所以由此也就可以看出，环境社会学与社会学之间是不同的。②

最近几年以来，国内的很多学者对环境社会学也十分关注。

洪大用认为，环境社会学在未来发展的过程中不是受研究领域的宽窄制约也不是受研究者的价值观制约，而是受到研究所确定的研究主题以及研究范式的制约，然后在这个主题的基础之上对有一致性的环境社会学进行理论建设。因此，对于环境社会学的研究我们应该主要对"环境问题的产生及其社会影响"等问题进行研究。与此同时，我们在对环境社会学进行研究的时候我们不用对研究社会学的好的方法进行排斥，反而我们可以对这些好的方法进行学习，吸收到对环境社会学的研究上来。因为环境社会学本是就是社会学中的一个分支，主要就是研究环境对人类社会与人类群体之间相互作用的学科，以及分析现代社会对环境问题的反映与效果。③

左玉辉认为，环境科学与社会科学的结合就是环境社会学，主要就是研究人

---

① 王子彦. 日本的环境社会学研究[J]. 北京科技大学学报（社会科学版），1999（04）：85-88.
② 饭岛伸子. 环境社会学[M]. 包智明，译. 北京：社会科学文献出版社，1999：4.
③ 洪大用. 西方环境社会学研究[J]. 社会学研究，1999（02）：85-98.

类与环境之间的相互作用，找出其中的一些规律，然后探索出改变社会与解决社会问题的方法与途径。[①]

沈殿忠认为环境社会学就是社会与环境之间相互作用的基本原理与基本规律的理论体系。他认为这个理论体系有两个方面的资源进行支持，具体来说就是思想资源与社会资源。但是这个体系需要遵守逻辑与历史规律的统一、理性理论与实践之间的统一、结构与功能之间的统一这三个方面的原则。除此之外，他认为这个体系主要是在跨学科描述、跨学科解释与跨学科范式上这三方面的体现。这个理论体系主要向整体化、全球化以及中心化的方向发展。[②]

对一个学科概念的定义有多种理解是很常见的，这也是一个诞生不久的学科正在走向成熟的反映。

我们认为，环境社会学是运用社会学和环境科学等多学科的理论和方法，研究当代环境问题产生的社会根源及其影响，通过环境问题的产生与社会变迁、环境与社会关系的分析，探讨应对环境问题的社会手段和途径，从而促进环境与经济、社会持续协调发展的一门新兴交叉学科。

二、环境社会学的基本问题

任何一门学科的研究都是围绕这门学科的基本问题而展开的，基本问题是一门学科得以生长的基础。环境社会学的基本问题就是环境与社会的关系及其影响。

由这一基本问题而引申开来的基本任务就是在坚持环境与社会相互作用这一基本观念的基础上，围绕环境问题产生的社会原因，环境问题的社会影响以及人的内心环境建设，研究实现环境保护和改善与社会进步相互促进、共同发展的途径。

要对上述问题有所回应，就必须研究和探索一系列相关问题。

首先，要重新认识环境与社会的关系。通过树立环境价值观等新的观念，打破人类中心主义的理念，进而确立科学发展观，使人类社会可持续发展。

其次，要把环境问题的解决与社会变迁的研究联系在一起。当然，这里的"社会变迁"已经不单纯是传统意义上的社会变迁，而应该把环境变化置于社会变迁的整体框架内。

[①] 左玉辉. 环境社会学 [M]. 北京：高等教育出版社，2003.
[②] 沈殿忠. 关于环境社会学理论体系的几点探讨 [J]. 甘肃社会科学，2007（01）：7-11.

再次，要厘清环境问题产生的社会根源及其影响。人类过度征服自然、过度开发又使资源和环境问题制约了社会经济的发展。

最后，要探讨应对环境问题的社会手段和途径。通过调整人的心态，改变人类行为方式（如生产方式、生活方式、发展方式等），建设生态文明，把我们的社会建设成为"资源节约型、环境友好型"的和谐社会。

三、环境社会学的研究内容

通过上述的研究我们发现当前社会环境学主要研究以下三个方面的内容：

首先，是对环境社会学的理论进行研究。具体来说就是对环境社会学的思想资源与社会环境学的社会资源理论进行研究与学习，这些理论的主要内容有环境社会学的理论基础、理论建构以及理论体系，详细地说就是人对内心建设的作用，环境社会学在所有学科中的定位，研究环境社会学的方法与手段，其他的学科对环境社会学的影响。

其次，就是在环境社会中系统进化的规律与如何进化的研究。内容主要包含两个方面的内容：第一，研究环境问题这种新的社会现象与社会事实是如何影响人类社会结构、社会制度以及社会的现代化等方面的问题；第二就是研究人类的社会行为与环境之间是如何相互作用的，以及社会分层等要素与环境之间的关系，除此之外，还对环境价值、环境容量、环境运动等方面进行研究。

最后主要研究的是人类社会会对环境造成什么样的效果与影响，面对环境问题社会应该如何应对。这一项的内容主要包含，面对具体环境问题时社会学关于组织、群体、个人的环境行为与环境问题的关系进行研究，除此之外还会对环境教育与环境文化的形成在社会上的传播进行研究，还会对科学技术的水平与环境保护之间的研究，城市化、工业化等社会方面的改变对环境的影响。

随着时代的进步与发展，社会学领域会越来越丰富，对环境社会学的研究也会不断地在社会生活中的各个领域进行深入的研究，从而探索出更多新的领域，最终形成属于自己独具特色的研究领域。

第二节 环境问题对人类社会的影响

人类的进步和文明，是建立在不断开发和利用自然资源基础之上的。由于人类环境价值观的长期缺失，人们在强烈的欲望支配和利益驱动下，借助先进的科学技术和生产工具，违背自然生态规律和法则，肆意开发和利用自然，导致了生态环境日趋恶化。当下的资源与环境问题已经严重制约了社会经济的可持续发展。

中国经济的增长主要是依靠"四大物质要素"来拉动的：一是消耗自然资源，二是污染环境，三是资本投资，四是廉价的劳动力成本。这种经济增长方式，发展空间越来越小，发展代价越来越大。

一、自然资源在经济增长中的作用

人们在自然中发现有价值的被人利用的物质就是自然资源，在日常生活中我们经常见到的土地、矿藏、森林、水都属于自然资源，人们根据其自然生产的能力将这些资源划分成可再生资源与不可再生的资源。通过研究与观察我们发现，在现实生活中资源是十分紧缺的，即使是可再生的资源也需要很长的时间才能生成，但是随着时代的发展，人类的社会活动越来越丰富，对自然资源的需求越来越大，所以自然资源成为当今时代自然资源增长的限制性因素。

20世纪50年代以来，很多经济学家认为，自然资源与经济的发展主要存在以下三个方面的关系：第一，不管是在哪个地区，只要拥有自然资源，那么就一定会对当地的经济产生十分显著的影响；第二，自然资源对经济的影响并不是持续稳定的，而是有强的时候也有弱的时候；第三，在分析经济发展趋势的时候，我们将这一因素作为主要影响因素进行分析，也就是在那些开采成本很高的资源，由此我们就会发现，自然资源会对经济增长带来好处或者是坏处。

（一）自然资源对经济增长的正效应

通过对经济发展规律进行研究我们就会发现，自然资源在经济增长中具有十分重要的作用，是经济运行与增长的资源基础，是重要组成部分，同时也是基本要素。下面我们对自然资源在经济增长中的作用进行分析，我们发现主要表现在以下五个方面：

第一，自然资源是社会发展的物质基础。纵观历史社会我们发现，人类的生存与发展离不开物质生活资料，所以只要有人类的生存与发展就需要对自然资源进行开发与利用。人们生活中使用的不管是自然当中的一些现成的资源还是经过加工过的用品，探究其根本就会发现这些所有的资源都是取自自然界中的可再生资源与非可再生资源。所以我们就可以发现在现实生活中，自然资源对人类生活的质量与状况会产生十分重要的影响，甚至还可以认为，只要离开自然资源，经济的增长将会无比的困难。

第二，自然资源的储量、种类与质量会让人们思考未来的发展，会对经济的发展与增长的速度产生巨大的影响。

第三，自然资源还会对经济的产业结构产生影响。具体来说，如果一个国家没有矿产资源，没有森林资源，那么这个国家就会十分匮乏，由此我们就可以很直观地感受到一个国家的产业结构，受这个国家自然资源的影响与制约。

第四，对自然资源的有效利用可以有效促进科学技术的进步与发展。随着时代的进步，人们为了提高资源的利用效率，对资源进行更深层次的加工，人们研究更深层次的加工就会促进科学技术的进步与发展。从而减少对自然资源的依赖。科学技术的发展有很多优点与优势，面对一些不可再生的资源，我们可以提高对资源的利用能力与资源的配置能力；面对一些可再生的资源，我们可以提高资源潜在的利用效率，从而增加生产要素，提高生产要素的产出效率，进而促进国家生态系统的稳定与和谐。

第五，社会的劳动生产率，也受自然资源的影响。那么什么是劳动生产率呢？具体来说就是劳动者在固定的劳动时间生产出的劳动产品，还有一种说法就是生产一个劳动产品所要运用的劳动时间就是劳动生产率。本质上就是反映人与自然之间的关系以及人与物质之间的关系，可以将其看作人们在生产的过程中对自然界利用能力的一个重要综合指标。那么为什么自然条件会影响劳动生产率的变化，通常情况下，在其他条件一样，但是自然资源不一样的两个国家进行比较就会发现自然资源丰富的国家，在等量的劳动时间内，生产效率要比自然资源不丰富的国家高，从而可以十分有效地促进经济的增长与进步。

（二）自然资源对经济增长的负效应

20世纪50年代以来，我们发现很多依靠自然资源来促进经济增长的国家经济增长的速度明显要比缺少自然资源的国家经济的增长速度慢很多。举例来说，在世界当中最为明显的是同时期的新加坡和韩国等国家的经济增长速度明显高于那些自然资源丰富的国家，有的经济学家把这种现象称之为"自然资源的诅咒"。这就可以很明显地看出自然资源与经济的增长速度有明显的反向关系。

很多的经济学家对为什么那些自然资源丰富的国家的经济开始向缓慢的速度发展进行了深刻的研究与探索，最终总结后得出以下解释，具体来说，主要包含四个方面的内容：

第一个方面，有人将其人认为这是一种"荷兰病"。"荷兰病"最开始是来源于荷兰和英国，在20世纪荷兰与英国发现了很多的石油，但是经济却开始出现不景气的现象，主要原因就是因为石油等一些自然资源虽然可以创造财富，但是不能提供就业机会，所以在国家与社会中只是一小部分掌握资源的人可以获得财富，由于就业岗位的减少，其他没有掌握资源的人就会没有收入来源，进而无法促进经济的增长，除此之外，自然资源的发展，就会让很多人才往自然资源领域发展，进而就导致在社会的其他领域都没有得到发展。

"荷兰病"的理论认为，当意外发现某种自然资源时经济会出现劳动力人才和资本开始向自然资源这个领域流入，其他行业领域的发展则需要花费更高的价格来吸纳人才，与此同时，出口的增加就会让这个国家的外汇收入提高，从而让这个国家的货币价值增加，这样就不利于其他制造行业对产品的出口，进而影响整个国家经济的发展与协调。这种后果总结来说被称之为资源转移效应。除此之外，还会产生支出效应的后果，具体来说就是当人们通过自然资源获得财富后，就会对其他制造业领域的需求增加，然而这些制造业的发展却是通过出口资源来获得的增加，并没有对自己本国产生很高的利益。对这两种后果进行分析与研究我们就可以发现这两种后果都会造成制造业等产业的衰败，但是，制造业承载着一个国家生产力水平的创新与发展，所以如果一个国家的制造业开始衰败后就会让这个国家失去长足发展的动力。

第二个方面，在日常生活中我们可以发现，经济不仅依靠市场来进行调控，同时还受制度的影响与调控，具体来说，当一个国家具有十分完善的法律制度与社会制度时，社会就会长期稳定发展，然而一个国家经济的发展离不开社会的稳定，所以当一个国家的社会环境稳定，那么这个国家的经济就会繁荣发展。另外，当一个国家拥有完善的产权制度时，就算是自然资源丰富，也不会出现区域内部之间的内耗，从而促进经济的发展与进步。但是当一个国家的制度制定的不够完善那么这个国家的社会将会不那么的稳定甚至是动荡，同时在面对自然资源的时候如果没有良好的制度进行保护就会产生国家的官员进行敛财活动，进而破坏社会的稳定，甚至产生战争。因此，总的来说，我们可以发现在一个社会稳定的国家中，自然资源可以促进这个国家经济的增长，但是在社会动荡的国家中，自然资源将不利于这个地区的经济增长。

第三个方面，自然资源的价格是具有波动性的，但是对这种波动的管理是十分困难的，因为在通常的情况下，投资者总是在状况好的时候将资金投入，但是在自然资源的经济状况不好的时候，比如自然资源的价格快速下降的时候，这些投资者就会抓紧将资金收回。所以我们就可以发现，自然资源的经济活动要比正常商品的价格具有很强的波动性，而且在经济活动繁荣的时期获得的经济利益就会在马上到来的经济衰退中形成抵消。

第四个方面，对经济的发展因素进行研究后我们就会发现，人力资源也是经济发展的资本，是经济发展与增长的重要因素之一，所以当人力资源充足的时候就会促进经济的发展。但是当自然资源过于充足的时候，这个国家的人力资源与人才资源的产生就会不足，具体来说就是因为，当自然资源丰富的时候很多人才将会禁锢在低技能高能源的产业上，然而这些产业并不需要有很高的知识水平，因此就没有人愿意提高自己或者下一代的知识水平；除此之外，由于自然资源的丰富，这个地区的人民与政府并不会遇到很多的困难，所以不会愿意再想办法进行进步与提高，总是安于现状，这样就不会进一步对社会制度进行完善。这样就会导致这个国家很少进行贸易活动，对人才的教育方面也不重视，导致这个国家的人力资源匮乏，因此不利于这个国家的经济增长。

通过对以上因素的分析，我们发现自然资源不仅能促进经济的增长，同时还能抑制经济的增长与发展。因此，我们应该合理的运用自然资源，对影响自然资源对经济发展的因素进行调控，由此我们可以发现，自然资源不是经济发展的充分的要素，只有合理的将其利用才能促进经济的快速增长。

二、生态环境恶化对经济增长的负面影响

随着时代的进步与发展，人们越来越意识到，生态在社会环境中的作用与影

响。当今时代有些人为了追求经济利益，对自然环境造成破坏，导致生态环境受到过度的污染，也对经济的发展产生很多的负面影响。

（一）生态环境恶化破坏了生态资源

人类的生产生活离不开自然资源与生态环境资源，所以经济社会的活动，离不开生态环境这个必要条件与必要基础。因此在社会的经济活动中，我们一定要遵循生态环境发展的客观规律。如果我们在日常的生态环境中进行不符合生态发展规律的经济活动，那么就会对生态环境造成破坏与干扰，当这种破坏与干扰超过了生态环境的自愈能力的时候就会对生态环境系统的循环造成影响，从而造成生态环境的崩溃，甚至让整个生态系统产生倒退。生态环境的破坏对社会造成的影响主要体现在以下三个方面：第一个方面体现在生态环境将减少为经济活动提供的生态资源原材料。第二个方面是生态系统的结构会出现失调的现象，举例来说，当环境中的大面积森林被砍伐时，原先依靠森林进行生存的生物将没有生存的家园，只能被迫逃离或消失。第三个方面是会让生态系统的自我生产能力形成失调或者减弱，主要表现在当生态环境系统中正常途径或者循环系统的某个环节中断时，造成第一生产者的生产力下降，进而生态系统中能量的转化效率降低，没有效能增加。举例来说，当水体生态系统受到污染的时候水体会产生大量的藻类物质，从而形成富营养化，然而这些藻类物质会让水体中的其他物质没有生存空间，进而水体生态系统遭到破坏。第四个方面是由于生态资源的不可逆性，生态资源的破坏影响后代人对资源的利用，实质上就是影响经济的可持续发展。

（二）生态环境恶化影响区域经济的发展

生态环境的状况不仅是确保某些产品质量的必备条件，而且会对经济发展的类型、规模、速度，以及生产效率和投资效率产生影响。如洞庭湖是目前仅存的两个与长江干流直接连通的大型通江湖泊之一，也是全球最重要的湿地生态系统之一。自20世纪50年代以来，由于围湖开垦、滥捕滥捞等人类活动影响加剧，洞庭湖湿地生态遭到破坏，湖面不断萎缩，调蓄洪水功能退化。为了遏制洞庭湖生态环境恶化的趋势，近年来中国采取了一系列措施。1998年以来，退田还湖政策已开始显露成效，洞庭湖首次出现恢复性增长，30多万湖区居民远离水患之苦。自2002年起，长江干流和洞庭湖实施阶段性禁渔行动，5年来累计投放鱼苗1亿

社会学理论的发展与应用实践

尾。湖南省湿地保护条例等一系列保护洞庭湖生态环境的地方性法规得以通过。但同时，洞庭湖生态保护政策的实施也付出了相当大的代价。如2007年，洞庭湖沿岸130多家小造纸厂被列入关停整顿的名单，带来了投资损失和大批工人下岗等一系列社会问题，严重影响了当地社会经济的发展。

（三）生态环境的恶化制约农业生产力的提高

生态环境最容易对农业造成影响，我国是一个农业大国，在我国的经济结构中，农业是一项重要的组成部分。当一个地区的生态环境较差的时候，人们为了获得经济利益，就会忽视对生态环境的保护，但是又由于忽视对生态环境的保护就会更加进一步的制约农业经济的发展，从而让贫困地区更加的贫困。所以，我们就可以看出，生态环境的恶化不仅是导致贫困的自然因素，同时还是脱贫后再次贫困的主要原因。

（四）生态环境的恶化影响产品市场竞争力

生态环境的恶化会导致生产农作物的水质、土地等恶化，从而影响农产品质量的下降，那么消费者就不愿意选择这个产品，从而导致这个产品的竞争力下降。

（五）生态环境的恶化影响地区的投资环境

生态环境的恶化，不仅会造成巨大的直接经济损失，而且还会对地区投资环境产生负面影响。例如淮河流域曾是开发历史悠久、经济较为发达的地区，"走千走万不如淮河两岸"的谚语就是对该地区最形象的概括。然而，由于片面追求短期利益和局部效益，上千家5000吨以下的化学小制浆厂排放的大量污水，造成该流域生态环境的严重恶化，外部资金的吸引力大大降低，致使该地区失去了许多发展机会，给当地经济的发展带来了极大的负面影响。

（六）生态环境恶化降低了人类生存质量，进而威胁人类生存

生态环境的恶化对人体健康产生了很多不利的影响。虽然我国人民的健康水平和生活水平有了显著的提高，但与环境关系密切的一些疾病发病率和死亡率正在上升。如肺癌是一种明显与大气环境有关的疾病。我国城市肺癌死亡率高于农村。随着城市化的发展，肺癌死亡率呈上升趋势。2008年6月13日，中国工程

院院士钟南山在珠江三角洲大气污染防治高峰论坛上指出："珠三角正面临着复合型大气污染的威胁!"复合型污染的直接后果,就是导致光化学污染和灰霾天增多,并对人体造成的危害。

"现在大气中微生物的污染也不容忽视"。生态环境破坏造成生物链破坏,资源枯竭,疾病蔓延,使人类面临生存危机。

生态环境恶化,对人体健康、农业生产、工业生产的负面影响,都会表现为经济损失,资源和环境问题已成为制约社会经济可持续发展的两大瓶颈。

三、生态环境保护与经济发展的关系

纵观整个人类历史进程,我们会发现,人类的生存离不开自然生态环境。但是人类社会在自然生态环境中为了经济的发展,会对自然生态环境造成改变与影响,经济发展与生态环境之间的关系,很多人有不同的观点,比如有的人认为,经济发展必然要牺牲生态环境,生态环境的保护与经济发展之间是相互对立的关系。还有人认为,生态环境与经济发展是相互促进的关系。在日常生活中我们可以发现,人类社会的发展,需要研究与探索自然生态与经济发展之间的关系。早在20世纪的70年代,西方学者对自然生态环境与经济发展之间关系的研究,主要总结出经济乐观论、环境悲观论以及生态经济论这三个方面观点。[①]

具体来说,经济乐观论认为社会应该优先发展经济,只有经济发展后才有能力与实力对环境进行保护。如果经济不发展,将会因为科学技术落后与经济的不发达,让生态环境中出现的问题无法得到有效的解决,所以经济乐观论认为生态环境问题应该在经济发展之后,新的科学技术得以发展之后加以解决与考虑,否则环境问题就会越来越严重。到了20世纪50年代,有的学者已经认为人类的科学技术已经发展到一个很先进的阶段,人们进行很多的活动都离不开科学技术。还有很多的学者与科学家认为,未来社会会因为科学技术与经济的发展变得无比的幸福与美好。

除了经济乐观论之外还有环境悲观论。环境悲观论与经济乐观轮相比,有很大的差别,具体来说就是认为当前人类对生态环境的破坏已经到达了极限,人类不能再对生态环境进行破坏,只有将人类的行为进行控制才能在根本上对生态环

---

① 郭杰忠.生态保护与经济发展互动关系探析[J].江西社会科学,2008(06):13-17.

境进行有效的改善。从经济方面来说，这个观点认为只有将生态环境保护放在经济建设之上，经济发展实现增长才能实现生态环境的恢复，生态环境才能得以和谐与协调发展。保持悲观观点的人认为，人类的生产生活，现代技术的开发会对地球产生过度的开发与消耗，从而对生态环境造成污染，进而对人类的生存环境造成影响。西方的很多学者认为，随着时代的进步与发展，地球上的人类越来越多，人们对地球资源的获取也越来越多，能源短缺的问题也越来越突出，同时生态环境还遭到严重的污染与破坏。因此有些学者认为经济的发展与科学技术的发展，是黑暗的，是人类文明的倒退，要想改变这一现状就需要减少科学技术的发展与研究，减少人类对自然生态环境改造。

通过对以上两种观点的论述我们发现，这两种观点都是过于极端的，所以有学者提出生态经济论。简单来说，就是既不放弃经济建设也不放弃生态环境的保护，而是将两者结合起来共同协调的进步与发展。这种观点认为生态系统是一个很大的环境，所以经济系统是生态系统中的一个重要环节与组成部分，生态环境决定经济发展的最大限度，因此经济的发展要遵循生态发展的规律。西方有学者认为，人类对生态环境的破坏就是因为人们没有按照生态环境的规律来开展经济活动。这一观点得到很多人的赞同，还有学者将这一观点提升到了一个新的高度，也就是让经济建设与生态环境的保护实现双赢。

生态环境与经济发展之间存在着既矛盾又统一的关系。生态系统本身具备生产者、消费者、分解者三大功能，生物的成分和非生物的成分通过物质的循环和能量的流动互相作用、互相依存，从而保持生态平衡，它是一种动态的平衡。生态平衡给人类社会经济发展提供了物质基础。当经济发展给环境带来的影响没有超过生态系统自我调节功能限度时，生态环境对经济发展具有促进作用，这时，生态环境与经济发展之间是统一的关系；当人类过度利用生态环境，导致生态失衡，生态环境对经济发展具有限制作用，这时，生态环境与经济发展之间就发生了矛盾。关键在于人类如何发展经济。只有人类在制定经济社会发展战略时，既考虑当前的需要，又考虑未来的发展，实现资源、环境的持续利用，才能实现经济效益、社会效益、环境效益的多赢。

第三节 环境问题的社会治理

改革开放以来,我国经济一直保持着快速增长的态势,国内生产总值年均增长在9%以上。但在经济快速发展的同时,也带来了生态破坏和环境污染的问题。为此,国家采取了一系列措施加强环境保护,如制定有效的环境政策、逐步转变环境管理方式、大力开展环境教育等,为实现社会经济可持续发展做出了积极的努力。

一、环境政策的演变

环境政策是国家为治理环境污染、防止生态破坏而制定的一系列控制和应对措施,是调节人的生存权益和环境权益冲突的制度安排。在新中国成立70多年的发展历程中,人们对环境问题的认识日益深刻,环境政策变化也发生了一系列的重大变化。

从时序上看,我国环境政策的演进大致分为四个阶段。1972年,对中国的环境保护来说,是一个分水岭。

20世纪70年代是环境政策的起步阶段。1972年6月,我国派出在恢复联合国席位后规模最大的代表团,参加了联合国在斯德哥尔摩召开的第一次人类环境会议。会后,代表团带回了全球环境浪潮中的大量信息资料,如《只有一个地球》等,国外的公害案例和环境政策引起了国家的高度重视。

1973年全国第一次环境保护会议召开。1974年12月,国务院环境保护领导小组成立,确定了"全面规划、合理布局、综合利用、化害为利、依靠群众、大家动手、保护环境、造福人民"的理念。国家开始着手工业"三废"(废水、废气、废渣)的防治与环境规划。

1979年,《中华人民共和国环境保护法(试行)》颁布。其中"谁污染谁治理"的思想,成为当时环境责任制的指导思想,确立了行政首长对所管辖区域环境质量负责的环境保护目标责任制度,以及生产经营活动者对其所产生的环境后果负责的制度。

20世纪80年代是环境政策的基础阶段。进入20世纪80年代,环境保护的重点是污染控制。1981年12月,第五届全国人大四次会议政府工作报告把防治污染和保护生态平衡作为国民经济发展的重要内容，并在第六个五年计划（1981—1985）中提出"坚决制止环境污染的加剧，并使重点地区的环境有所改善"的明确要求。环境保护首次在国家经济社会发展计划中占有一席之地。

1983年，国务院召开了第二次全国环境保护会议，将环境保护确立为基本国策。

1989年5月，国务院召开第三次全国环境保护会议，提出要加强制度建设，深化环境监管，向环境污染宣战，促进经济与环境的协调发展。

20世纪80年代形成了"预防为主、防治结合""谁污染谁治理""强化环境管理"三项政策和"环境影响评价""三同时""排污收费""目标责任""城市环境综合整治""限期治理""集中控制""排污登记与许可证"等八项制度。

20世纪90年代是环境政策的完善阶段。20世纪90年代，国家逐步实行社会主义市场经济，经济增长方式由粗放型向集约型转变，工业污染防治由"末端治理"向全过程控制转变，由浓度控制向浓度与总量控制相结合转变，由分散治理向分散与集中相结合转变，并开始了清洁生产试点。

在里约热内卢会议两个月后，中国在《环境与发展十大对策》中明确了"实施可持续发展战略"，并于1994年公布了《中国21世纪议程》，这是全球第一部国家级的"21世纪议程"。

1995年，中国确定"实施经济体制和经济增长方式两个根本性转变"，开始了对污染严重的淮河流域的治理。

1996年，全国人大审议通过了2000年和2010年的环境保护目标，国务院发布了《关于环境保护若干问题的决定》。1998年，新的国家环境保护总局成立，职权有所加强。同年7月，国务院召开第四次全国环境保护会议，提出保护环境是实施可持续发展战略的关键，保护环境就是保护生产力。随着"九五"计划的实施，全国推行"总量控制"和"绿色工程"两大举措，力求基本控制住环境恶化加剧的趋势。

自1997年起的每年3月，中央召开人口、资源与环境座谈会，集中讨论人口、资源与环境问题，明确对策，这已成为一项制度。

1999年，商务部启动了菜篮子"三绿工程"，即建立绿色市场、开通绿色通道、倡导绿色消费。"三绿工程"取得了可喜的成绩。概括起来说主要是建立了法规标准，改善了市场环境，提高了流动秩序，增强了消费信心，带动了绿色生产。

21世纪以来是环境政策的创新阶段。2002年1月，国务院召开第五次全国环境保护会议，提出"环境保护是可持续发展的重要内容"，经济增长、社会发展和环境保护是可持续发展的三大支柱。环境保护是政府的一项重要职能，要按照社会主义市场经济的要求，动员全社会的力量做好这项工作。同时，批复了国家环境保护总局会同国家计委、国家经贸委、财政部等部门和各地编制的《国家环境保护"十五"计划》。

2005年12月，国务院发布《关于落实科学发展观加强环境保护的决定》，首次提出在一定的地区坚持"环境优先""保护优先"，分别实行"优化开发""限制开发""禁止开发"。

2006年，在全国"两会"期间通过的《"十一五"国民经济发展规划纲要》草案中，"十一五"期间主要污染物排放总量减少10%，成为八个约束性指标之一。在第六次全国环境保护会议上，提出要把环境保护放在更加重要的战略位置上，加快实现"三个转变"。我国开始进入以保护环境优化经济增长、环境保护与经济发展走向融合的新阶段。

2007年1月1日，环境保护总局首次动用"区域限批"政策来惩罚严重违规的行政区域、行业和大型企业（包括4个行政区域、4个电力集团），即停止审批境内或所属的除循环经济类项目外的所有项目，直到违规项目彻底整改为止。

2007年9月1日，科技部将6大类36种日常生活方式换算成节能减排的量化数据，向全社会公布了《全民节能减排手册》，提倡人们在不降低现有生活水平的前提下，选择科学合理、节约能源的绿色生活方式。

2007年10月，是中国环境保护事业发展历程的又一个转折点。党的十七大报告首次将生态文明写入了政治报告中，把建设资源节约型、环境友好型社会写入党章。

2008年3月27日，挂了10年的"国家环境保护总局"旧牌被换成了"中华人民共和国环境保护部"新牌。我国环保机构的数次沿革，不仅印证了环境保护在国家战略中的地位越来越重要，也体现了人民群众迫切要求解决环境问题的现实需要，体现了党中央、国务院对环保工作的高度重视，体现了经济社会发展的客观要求。

2009年上半年，环境保护部对低水平重复建设、"两高一资"和产能过剩项目设置"防火墙"，对总投资1348.1亿元的32个项目环评报告书作出不予批复或暂缓审批的决定。对华能集团、华电集团以及山东省钢铁行业实行建设项目环评暂停审批，并责令有关违法建设项目停止建设。关停小火电机组3382台、装机容量1989万千瓦，累计关闭5407万千瓦，已提前一年半完成"十一五"计划关停目标。同时还停产关闭了一批炼铁、有色、建材、焦化、造纸、印染、化工等落后产能。减排促进了经济增长方式的转变，提高了经济发展的质量。[1]

时代的进步与发展，我们开始不断地完善规划环评的制度，施行的《深圳经济特区环境保护条例》这个制度的出台就是一个十分明显的标志体现，这些法规对环评的内容与结果等都进行了规定，也为环保部门进一步参与政府的宏观调控提供了制度保障，从而提高了决策的层次，也增强了环保对决策参与的力度。

当前，我国会加大对经济的建设，但是加大经济建设并不代表着放松对生态环境的保护，反而是将加大环境的保护与推进生态环境的发展作为经济发展的重要途径。国家适时推出的"十大振兴规划"（汽车产业调整和振兴规划、钢铁产业调整和振兴规划、纺织业调整和振兴规划、装备制造业调整和振兴规划、船舶工业调整和振兴规划、轻工业调整和振兴规划、石化产业调整和振兴规划、电子信息产业调整和振兴规划、有色金属产业调整和振兴规划、物流业调整和振兴规划），把科技创新、产业结构调整、培育自主品牌放在突出的位置，既是实现扩内需、保增长、调结构、惠民生的重要举措，又是提高经济效益、生态效益和社会效益的客观要求。以汽车产业调整和振兴规划为例，规划提出要以实施新能源汽车战略为突破口，发展普通型混合动力汽车和新燃料汽车专用部件，推广利用节能和新燃料汽车。在提振经济的同时，注重环境保护。环境保护已成为拉动经济增长、扩大就业的新动力。

与此同时，不断加强环境法制建设，已初步形成较为完善的环境保护法律保障体系。

改革开放以来，政府所推行的环境政策，基本形成了环境经济政策、环境技术政策、环境社会政策、环境行政政策、环境国际政策等为主体的五大政策体系，在经济快速发展过程中，减缓了中国环境质量恶化的速度，为社会经济的可持续

---

[1] 徐琦. 历史的跨越——环境保护与经济发展走向高度融合[J]. 资源与人居环境，2009（23）：50–52.

发展提供了较好的基础和条件。

二、环境管理的变革

环境管理是指国家（地区）通过行政、经济、科技、法律等手段，对各种影响环境的行为进行规划、调整和监督，以求达到人类社会发展与自然环境承载力相协调的活动过程。30多年来，我国的环境管理体制在实践中不断改革和完善，大体上经历了四个阶段，[①] 即1972年至1978年的起步阶段，环境管理的依据是中央的环境政策；1978年至1992年的发展阶段，"谁污染谁治理"的思想是当时环境责任制的指导思想，初步建立了环境法律体系、环境规划体系、环境标准体系；1992年至2003年的变革阶段，运用可持续发展的观念审视过去的环境管理模式，减少环境保护与经济发展"两张皮"的现象，缓解环境保护与经济建设的突出矛盾；2003年至今的完善阶段，以科学发展观为指导，综合运用各项管理手段，追求环境管理的科学性，完成了由单一的行政管理向多元管理体制的转变，由多元管理体制向国际化的综合管理体制的转变。其间，在环境管理组织、环境管理思想、环境管理制度等方面发生了深刻的变化。尤其是在环境管理手段方面，经历了从着重行政管理到全面采用行政、经济、科技、法律等综合运用的手段，收到了较好的效果。具体表现在：

（一）行政手段由单一转向多元

行政手段指各级政府机关，根据法律、法规所赋予的组织与指挥的权利，对环境保护工作实施行政决策和行政管理。在计划经济体制背景下，环境管理手段主要采取单一的行政管理模式。我国设有相对独立的环境监督管理机构，依法提出环境法规草案和制定行政规章并依法监督。最早的行政手段是控制污染物的排放标准，强调污染的末端治理，对污染物的浓度进行限制。因此，国家对个体工商户的排污进行了收费，并对这一收费标准进行了规定，强制的管理制度对环境的改善提供了有力的制度支持，也让环境得到了有效的改善。但是目前还是存在企业的环境保护意识不强，对环境保护的政策存在排斥的心理的现象。由于是被动地接受管制，企业和个体往往通过稀释浓度的做法应对环保部门，造成污染的

---

① 白永秀，李伟. 我国环境管理体制改革的30年回顾[J]. 中国城市经济，2009（01）：24-29.

持续恶化。在社会主义市场经济体制背景下，环境管理中逐渐渗透"以人为本"的思想，政府的服务和引导作用得到加强，排污许可证交易制度开始实施，政府将环境污染分割为一定数量的排污权，每一份污染权允许其购买者排放相应量的污染物。即在对污染实行浓度控制的同时，也对污染的总量进行控制。20 世纪 90 年代，国际上的 ISO14001 环境管理体系标准、清洁生产、环境标志等环境管理手段日趋成熟，在对其他国家环保政策学习的基础上，我国提出了有关清洁生产的理念。随着社会的发展，人们越来越重视环境与生态系统的保护，正式开始使用 ISO14001 环境管理体系标准，从此企业开始形成自愿进行环境保护的模式，企业自身开始加大对环境保护资金的投入力度，从而减少了政府在环境保护方面的压力。20 世纪 90 年代后期，环境管理基本实现了从行政手段为主向综合使用行政、法律、经济等多种手段的方式转变。

（二）经济手段广泛运用

经济手段指政府利用价值规律的调节作用，通过采用限制性或鼓励性的措施，促使污染者自觉控制污染物排放，从而达到改善环境的目的。经济手段主要包括排污收费、排污许可、排污权交易、押金退款制度、污染治理补贴、政府绿色采购、发展循环经济等。经济手段主要体现在国家的各项经济政策中。举例来说，国务院坚持"污染者付费、利用者补偿、开发者保护、破坏者恢复"的原则，这样对经济手段的激励进行了加强，简单来说就是在金融领域对环境保护的政策进行更加的完善，对河流的环境治理，政府则是给予一定的资金支持，帮助建立污水处理厂等资源清洁与再生机构。除此之外，国家还会对地域的发展情况，给予不同的经济政策补贴，对东部地区给予 20% 的经济补贴，对中部地区给予 1/3 的经济建设补贴，对西部欠发达地区则给予 70% 的补贴，同时也将会对污染的排放提高收费与处罚的标准。

由此我们就可以发现，我国的环境保护政策正在不断地完善与进步。21 世纪以来，国家陆续出台了很多有关环境保护的政策，逐渐形成了完善的环境保护经济增长系统。

（三）科技手段不断创新

科技手段指环境管理部门采用科学的管理方法，排污主体采用先进的生产工艺和有效的污染治理技术，使污染物可回收或再利用，不断发现和解决环境污染问题。科技手段主要体现在大量技术规范和标准的制定上。

2003年,《中华人民共和国清洁生产促进法》正式颁布实施，宣告中国环境政策步入工业生产全过程控制的新时期。这种由点源控制到流程控制，突破了以往的"头痛医头、脚痛医脚"的思维模式，在环境政策领域实现了全程一体化的环境政策作用机制。

2006年6月，全国环保科技大会提出环境科技创新的总体目标是到2010年，通过实施环境科技创新、环境标准体系建设和环境技术管理体系建设三大工程，在环境科技创新的关键领域取得重大突破，环境技术法规和标准基本满足环境管理需要，环境技术管理体系初步建成，使科技引领和支撑环保事业发展的能力有较大提高，到2020年，建立层次清晰、分工明确、运行高效、支撑有力的国家科技支撑体系。

由此我们可以发现，当今科学技术的发展与进步，经济发展与节能减排不再是对立关系，而是社会发展过程中共同追求的目标。具体来说就是，在经济发展的过程中要加大对节能减排技术的研究与开发，对落后的经济模式进行淘汰，对企业污染物的管理实行问责制度，从而推进清洁产业的发展，促进清洁产业代替传统落后的高污染的产业，优化国家的产业结构，从而形成循环经济与绿色发展模式。

（四）法律手段逐步完善

法律手段主要体现在立法和执法上。环境管理一方面要靠立法，把国家对环境保护的强制性要求以法律的形式固定下来，另一方面要靠执法，管理部门和司法部门要以法律的手段来惩治破坏环境的违法行为。自1979年颁布《中华人民共和国环境保护法（试行）》开始，《中华人民共和国循环经济促进法》2009年1月1日起施行，《中华人民共和国食品安全法》2009年6月1日起施行。目前已初步形成了由国家宪法、环境保护法、环境保护单行法、环境标准和环境保护相关法等构成的保护环境法律、法规体系，为其他环境管理手段的有效实施提供了法律保障。

随着时代的发展，人们与政府对环境的保护越来越重视，政府部门不断地根据环境与经济真实的状况，探索与创新管理模式，根据环境的状况不断地对经济进行优化布局，不断地对经济结构进行优化升级，逐渐地形成一套集行政手段、环境手段、经济手段的生态环境保护治理系统。实现了只重视经济增长向经济增长与环境保护并存的转变、环境保护落后与经济发展向环境保护与经济发展齐头并进的转变，让中国的发展变得更加的科学，除此之外，还有通过行政手段进行环境保护向法律、经济、技术等手段进行环境保护的转变，让中国的环境保护措施更加全面与立体，从而让中国的环境保护效果更加优秀。

三、环境教育的实施

环境教育是以提升公民的环境意识、知识、技能、态度，使其养成自觉爱护和保护环境的行为习惯为目的的跨学科的教育活动。30多年来，中国的环境教育取得了长足的进步，现已初步形成了一个多层次、多形式、多渠道的环境教育体系，在推动社会经济发展的过程中发挥了重要作用。

（一）环境教育的提出

"环境教育"（Environmental Education）是在1972年举行的首届"人类环境会议"上提出与确认的，与此同时还确定了环境教育的性质、意义等方面的内容。从此，环境教育在全球范围内蓬勃展开。迄今为止，已召开了四次国际环境教育大会。第一次环境教育大会1977年在格鲁吉亚首都第比利斯召开，《第比利斯宣言》指出："环境教育应面向各个层次的所有年龄的人，并应包括正规教育和非正规教育。大众媒介必须担负起重要责任，为实现这一教育使命提供巨大的资源。"第二次环境教育大会1987年在莫斯科召开，会议强调通过制度战略而行动计划加强环境教育。第三次环境教育大会1997年在希腊的塞萨洛尼基召开，会议讨论了环境教育在实现可持续发展中的作用。第四次环境教育大会2007年在印度的艾哈迈巴德举行，与会人员讨论了环境教育作为可持续发展教育主要阵地所面临的挑战，探讨了通过建立合作伙伴关系进一步在国际社会的所有领域中推进可持续发展事业。

中国在1973年的环境保护大会上首次提出环境教育。这标志着中国环境教育的开始。我国首届环境教育工作会议在1992年的苏州召开，这场会议的召开标志着中国已经初步形成具有中国特色的环境教育体系。

（二）环境教育的基本框架

梳理中国环境教育的脉络，其基本框架可以归纳为：

1. 一种基本认识

一种基本认识就是说，人们对环境教育的认识是一个统一的认识。具体来说就是人们认为环境的教育就是向外传播环境保护知识的活动与过程。中国环境教育的形成与发展就是在这个认识的基础上进行的。

2. 两个基本对象

两个基本对象，即干部和专业技术人员。中国的环境教育把干部教育放在首位，1992年11月召开的第一次全国环境教育工作会议强调："要把各级党政干部、环保在职干部和企业干部职工作为环境教育的重点。"另一个主题是专业人才培养，把培养环境保护人才纳入国家教育规划。2003年6月15日，国家环境保护总局印发《关于加强全国环境保护系统人才队伍建设的若干意见》，强调人才培养和培训的重要性。

3. 两类基本形式

两类基本形式，即"宣传"和"教育"。中国的环境教育主要有两种方式：一是开展环境宣传，利用报刊、电视等舆论工具，普及环境知识，培养人们的环境意识；二是开展环境教育，教育最主要的形式就是进行学校教育，学校教育可以分成普及教育与职业教育。普及教育就是指幼儿教育、中小学教育等，职业教育指的是对从事这项工作的人进行的教育。那么对于环境教育就是在对幼儿与中小学的学生进行教育的过程中开展环境保护的教育。对职业教育方面则是对从事环境保护的人身上进行职业教育，这样就可以全方位的在社会形成环境保护的风气。

1979年底，中国环境科学学会环境教育委员会首次建议在中小学和幼儿园进行环境教育试点。1980年，国务院制定了《环境教育发展规范（草案）》。

1995年底颁布的《全国环境教育宣传行动纲要》，对中国环境教育的性质、作用、内容和未来15年的主要任务、措施、步骤做了阐述。

2004年8月6日，国家环境保护总局发出通知，要求认真贯彻落实《中共中央国务院关于进一步加强和改进未成年人思想道德建设的若干意见》，把生态环境道德观作为未成年人思想道德建设的主要内容，加强未成年人生态环境素质教育，推动未成年人环境道德建设；

2006年12月19日，国家环保局、中宣部、教育部发布《关于做好"十一五"时期环境宣传教育工作的意见》，要求通过加强环境宣传教育工作，使全社会充分理解环境保护与经济发展"并重""同步"以及"综合"运用法律、经济、技术、行政办法解决环境问题的深刻内涵，充分认识实现环境保护历史性转变的重要性和紧迫性，转变重经济发展、轻环境保护的思想观念，大力创新环境保护工作思路，推动经济社会与环境保护协调发展，努力建设环境友好型社会。加强环境信息公开，建立健全环境保护公众参与机制，要拓宽公众参与环境保护的渠道，通过"绿色社区""绿色学校"创建活动，鼓励广大公众积极参与环境保护。

2009年6月1日，环境保护部、中宣部、教育部再次发布《关于做好新形势下环境宣传教育工作的意见》，要求开展以弘扬生态文明为主题的环境宣传教育，引导公众积极参与支持环境保护。加强青少年环境教育，进一步加大基础教育、高等教育阶段的环境教育力度。教育部门要积极推进环境科学专业教育，增加高等院校公共选修课中环境教育课程的比重，普及中小学环境教育。设立生态文明研究课题，形成研究成果，为生态文明的传播提供理论支持。

当前，中国已经形成了具有中国特色的环境保护教育体系。

（三）大学绿色教育相继开展

在大学开展绿色教育，那么什么才是绿色教育呢？具体来说就是高校在进行自然科学、社会科学等科目的高等教育时，不只是向学生传授科学技术知识，同时还要将这种可持续发展生态环境理念渗透到课堂当中，从而对学生进行素质教育，进而让学生成为热爱环境热爱自然的优秀青年。因此，我们可以发现高校开展绿色教育，不仅让高校成为知识传播的媒介与途径同时还是培养学生正确处理人与自然的重要媒介与途径。[1]对绿色教育进行研究我们发现绿色教育不仅包含环境教育，而且还包含人与人之间关系的教育，以及大学生心理健康教育。

在20世纪90年代，绿色大学的理念最先由清华大学提出，具体来说包含贯彻绿色意识，推出绿色产品，建设绿色校园的三绿工程，与此同时，清华大学还召开高校绿色教育研讨会，从此高校绿色教育在全国与国际上引起高度重视。

---

[1] 王海坡. 绿色教育：21世纪大学教育发展的方向 [J]. 石油大学学报（社会科学版），2004（03）：98-101.

高校构建绿色教育体系，营造绿色教育氛围，是 21 世纪教育观念现代化的必然追求。

总的来说，我国采取了多种积极有效的措施应对环境问题，承担了一个负责任的大国应该承担的责任。我国的环境保护工作经历了从末端污染治理到全过程管理的转变，然而，面对新时期的环境压力，有效缓解环境问题的任务还十分艰巨。我们必须创新环境管理思路，加强战略性环境政策的研究，还要将环境要素纳入经济社会发展的内在变量，实施主动引导发展的环境管理战略，调动政府、企业、公众全民参与环境保护的积极性，加强对环境管理的监督。同时，主动参与环境管理的国际合作，共同致力于全球环境的治理与保护。

四、环境行为的社会约束

环境问题产生的原因是十分复杂的，而根本原因在于人类自身的活动。人类的生产、生活和科技活动，乃至经济活动、政治行为等都是环境问题产生的直接和间接原因。既然人类的行为是环境问题产生的根本原因，那么应对环境问题的办法之一便是在于对人类的环境行为进行约束。

（一）环境行为的概念及社会特征

环境行为被提出之后，始终都没有一个统一而明确的定义。对环境社会学进行研究我们就会发现，这个定义主要包含三个方面的内容：首先，环境行为的主体是人，然而这个人不仅包含个人还包含法人等，因为环境行为除了个人行为外，还包含企业的社会环境行为以及家庭环境行为；其次，对人类社会进行观察与研究我们就会发现社会当中的一些客体会对人的行为造成影响，而社会环境行为也是人类行为的一种，因此社会当中的一些客体比如文化环境等对人的环境行为产生直接或者间接的影响；再次，环境行为就是人对环境这个社会客体做出的反应，然而这个反应不仅有个体性还有群体性与主动性等。

从环境行为对社会的作用这个方面进行观察，我们就会发现，环境行为有好坏之分，好的环境行为就是环境友好行为，坏的环境行为就是环境侵害行为。其社会特征主要表现在以下六点：[1]

---

[1] 王芳.行动者及其环境行为博弈：城市环境问题形成机制的探讨 [J].上海大学学报（社会科学版），2006（06）：107-112.

1. 正负性

在日常生活中我们就会发现，人类的行为对社会的影响都是有好坏之分的，那么环境行为也是如此，对环境的影响也有好坏之分，简单来说就是具有正负性，当人类的环境行为符合自然规律，善待大自然的时候就会对环境、社会产生好的影响，让社会形成可持续发展的形式；当人类对社会进行不良的环境行为时，就会出现让环境产生失调的问题，这样会给人类社会造成很多物质以及生命财产上的损失，让人与自然之间的关系变得紧张，从而影响人类社会整体的协调与发展。

2. 多元性和互动性

从环境行为的主体这个角度来看，我们可以发现环境行为的主体具有多元性与互动性的特点，首先，多元性主要体现在环境行为的主体不仅仅是个人，同时还包括企业、社会公众与政府等种类，除此之外，每个环境行为的主体也具有自身的特点，所以环境行为是具有一定的多元性的。其次，环境行为还具有互动性的特征，具体来说，我们对环境行为的主体进行观察时我们就会发现，每个主体不是孤立存在的而是彼此之间相互联系与制约的，并且形成一个错综复杂的行为系统。比如政府不仅是环境行为的管理者，同时它还是环境行为的实施者与制度的决策者；企业在环境行为中是环境自然资源的消耗者，同时它还会受到市场、政府等各个方面带来的压力，对环境产生作用，从而对环境产生重大的影响；公众不仅是自然环境的享受者，同时还是环境行为的实施者，所以公众对企业与政府的环境行为具有一定的监督作用。由此我们就可以看出，环境行为中企业、公众与政府这三个主体之间的关系是错综复杂与相互联系、相互制约的，人类对环境的影响就是这些主体之间共同作用的结果。

3. 差异性

除以上两点之外，我们发现环境行为还有差异性，具体来说，从发生空间的这个角度来看，环境行为有公共空间环境行为与私密空间环境行为，对公共空间很多人都是希望从中获得更多的利益，而不是对其做出贡献，然而对私密的空间更多的人认为这属于自己的物品，所以更愿意对其做出更多的贡献，对于环境行为，不同的主体就有不同的观点，因此具有差异性。

4. 滞后性与综合积累性

从环境行为的结果进行分析，我们就会发现当人们对环境造成破坏后，过很长时间才会显现出来不良环境行为之后的结果，与此同时当破坏行为结束后，环境不良的后果也将会持续一段时间，所以由此我们就发现环境行为还具有一定滞后性。除此之外，我们还发现，有的环境行为在短时间内是符合排放标准的，但是长时间之后就会对环境造成危害。所以环境行为还具有综合积累性的特点。

5. 利益驱动性

在历史长河中我们发现人类的很多行为是具有一定利益驱动性的。马克思认为："人们奋斗所争取的一切，都与他们的利益有关。"[①] 不同的主体，有不同的利益需求，所以就会进行不同的环境行为，从而对自然生态环境产生直接或间接的影响。

6. 社会性

从环境行为的制约因素来看，具有鲜明的社会性。环境行为不仅与个体或群体行为者的科学文化素质、价值观念、信仰体系、风俗习惯等有关，还与国家的政治制度、法律制度、社会规范等有关，且受当时的经济和科学发展水平的制约，如生产方式、生活方式、消费习惯的不同，会导致不同的环境行为。人们具有的从众心理、攀比心理也会对环境行为产生影响。因此，人们的环境行为受整个社会关系的制约，具有鲜明的社会性。

（二）环境行为的影响变量

通过对环境行为的主体进行研究我们就会发现，环境行为是人类个体与人类群体对环境进行实践的活动，所以环境行为受个体内在因素的影响，具体来说，影响环境行为的内在因素主要包含以下四种：

1. 态度变量

对环境的态度、对待环境的价值观以及对环境的敏感度，都属于态度变量。

（1）环境态度

在日常生活中我们就可以发现，态度对行为具有十分重要的作用，那么在环境行为中人们对环境的态度也是一项关键性因素。与此同时，环境态度可以对未来的环境行为进行预测，积极的环境态度可以对环境行为产生促进作用，消极的环境态度会对环境行为产生阻碍作用。

当前主要对一般环境态度与特定环境态度这两种态度进行研究。

---

① 马克思, 恩格斯. 马克思恩格斯全集（第1卷）[M]. 北京：人民出版社，1956：82.

西方学者认为对生态环境进行最普遍的关注与信念就是一般环境态度,这一态度的主要观点认为地球的资源是有限的,如果人们为了经济的发展过度使用将会对地球造成伤害,同时人类也是地球上的生物,因此当地球受到伤害时,人类也将受到影响。特定环境态度就是指人们对特定环境产生的态度。

(2)环境价值观

环境价值观是直接针对环境关注和环境责任的建议性或支持性行为,是个人对环境及相关问题持有的价值观。

环境价值观可分为三个层次:一是生态的价值观,它承认自然环境具有内在价值,人也是自然的一部分。各种物种都有生存的权利,自然界也有其自身的权利。二是社会利他的价值观,人类应该基于整体利益去关注和保护环境。三是以自我为中心的价值观,采取保护环境的行为是自身利益的需要。

人们持有怎样的环境价值观,在很大程度上影响着人们的环境行为。

(3)环境敏感度

环境敏感度就是人们对环境的各个方面认为其内在价值敏感度,这个方面环境教育学对其研究比较深入。

2. 个性变量

环境行为当中的个性变量主要包含两种:一是一个人是否认为自己的行为会对环境产生影响,这种观点就被称之为控制观,而控制观包含内在控制观与外在控制观,内控的人认为自己的行为可以对外界环境产生影响,外控的人认为自己的行为不能改变外界环境;二是环境道德感具体来说就是一个人在进行环境行为之后对自己行为的认识,也就是认为自己的行为是否道德或者是否正确。在发达国家,公众环境友好行为很大程度源于公众自身的道德规范。具有道德责任感的主体通常会实施"负责任的环境行为"。

3. 认知变量

环境行为的主体对环境的态度以及对待环境的行为主要是受主体自身对环境问题认识的影响。西方有学者将人们对环境问题的认知分成三种:一是人们对自然环境知识的认知程度;二是环境问题知识;三是环境行动知识。前两类知识是通过第三类知识对环境行为产生作用的,即主体对环境的认知只有内化为价值观、态度和信念时,才会采取环境友好行为;否则,会使结论产生偏差。

4.情境变量

当前研究的情境变量主要包含人类社会的外界条件与人类社会自身的因素，比如年龄、性别与教育程度等。

农民经济行为与环境问题研究表明，制度因素、收入水平、市场化程度是影响和决定农民环境行为的三大因素。而企业环境行为的影响因素则主要是政府的管制、环境标准、排污政策、企业内部管理、公众的评价。如绿色消费能显著影响公众对绿色产品的需求，而企业进行绿色研发又可以创造新市场，增加市场占有率，最终形成良性循环。

（三）环境行为社会约束的途径和方法

环境行为的社会约束有多种途径及方法，传统方法有宗教、道德、法律的约束。现代研究认为要转变发展观念，特别是转变领导阶层的发展观，建立以生态环境建设和保护与经济发展并重为主要政绩的干部考评制度；建立产品生态准入制度；建立自然资源有偿使用机制，把资源成本和环境成本纳入国民经济核算体系；建立完善的生态环境监控制度等。而构建绿色文化、实行绿色发展、推行绿色生产、倡导绿色消费、建设生态文明是环境行为社会约束的有效途径和方法。

1.构建绿色文化

绿色文化是具有绿色观念形态的文化、绿色制度形态的文化、绿色知识形态的文化和绿色行为文化等构成的文化体系。

绿色文化是崇尚自然的文化。人类已经经历了对自然的顶礼膜拜、对自然的无奈到对自然的无畏和对自然的主宰，其结果是受到自然的无情报复。对人们进行绿色文化教育就是要让人们热爱自然、崇尚自然与尊重自然，并且将这种思想内化成自己的意识，进而在日常生活中自觉地进行环境保护行动。

绿色文化是可持续发展的文化。我们不能再靠掠夺资源去聚集财富，不能靠转移污染去破坏环境，也不能靠畸形发展去满足自身的物质贪欲而损害他人的利益、损害后代人的利益、损害生态环境利益。绿色文化就是要追求环境权益，确认自然资源的价值，使人与自然协调、人与人协调、人与社会协调、人自身协调，从而创造生存公平，实现社会持续、协调发展。

绿色文化是珍惜资源的文化。自然资源是有限的，我国虽然地大物博，但社会经济发展也面临着资源匮乏的窘境。绿色文化就是要促使人们转变经济发展方式，节约资源和能源，提高资源和能源的使用效率，减少资源和能源的浪费，不断开发和利用新的资源和能源。改变传统的生产方式，开发和创新绿色技术、推广绿色生产、发展循环经济、发展低碳经济、提高绿色生产力、提倡绿色消费。让珍惜资源、节约资源、保持资源、合理利用资源的风尚得到弘扬，让我们的社会成为资源节约型社会，让有限的资源不仅为当代人所用，更为后代人永续利用。

绿色文化是环境友好的文化。环境有自身的承载能力，人类应该走出认识上的误区，加强污染治理，实行绿色生产，从源头上防止污染的产生，不欠新账，多还旧账，大力推广绿色交通、绿色建筑、绿色旅游等，让绿色意识和绿色理念指导每个人的行为，让环境建设、环境保护成为每个人的行动，让高山常青、碧水长流、天空湛蓝，让我们的社会成为环境友好型社会。

绿色文化是科学发展的文化。发展是硬道理，但是我们不能以牺牲生态环境来换取一时的经济高速增长，也不能以牺牲后代人的发展来换取眼前的经济增长，要以科学发展观来引导社会的经济发展。绿色文化就是要使绿色发展理念深入人心，并影响经济行为，引导发展方向，使科学发展、绿色发展成为人类发展的追求目标。

绿色文化是传承和创新的文化。"顺自然生态规律者兴，逆自然生态规律者亡。"《周易》蕴含的"天人合一"思想是绿色文化的思想萌芽，中国传统文化中的"和—合"思想是绿色文化的基本价值观，绿色文化汲取了中国传统文化中的精华。西方的文艺复兴已经让人们形成了人类自身的利益神圣不可侵犯，自觉维护自身权益的意识，这种意识让人的潜能得到了充分发挥，绿色文化吸收了西方文化中的营养，提倡理性的人文精神，使人能得到全面发展。绿色文化坚持社会主义核心价值体系，继承中华传统文化精华，借鉴世界各国的文明成果，是与社会经济发展的现实需要相适应的先进文化。绿色文化随着时代的发展与进步，其内涵也会不断地发生变化。

绿色文化是一种健康向上的文化。在人类历史的长河中，各种各样的文化可以说是此起彼伏、异彩纷呈。经历了采集农耕时期，我们创造了黄土文化，历史上留下了天人合一的思想，也留下了愚公移山的神话；进入了工业革命时期，我们创造了黑色文化，世界充满了人定胜天的激情，也迸发着回归自然的呼唤；迈入了信息时代，我们创造了网络文化，人的精神生活和文化生活实现了前所未有的全球互联与沟通，也带来了青少年沉溺于网络的烦恼。创造绿色文化就是要实现人与自然共存共荣，人们能充分享受无污染、无公害、无毒副作用的绿色产品和精神文化食粮，人的身心得到健康而全面的发展。

构建绿色文化，在当下要大力发展绿色教育，通过绿色教育使人们树立绿色能源、绿色生产、绿色产品、绿色消费、绿色住宅、绿色交通等新理念，进而指导人们的自觉行动。

2. 实行绿色发展

要想对社会形成良好的环境行为，就需要在经济建设的过程中，大力实施绿色发展，具体来说就是通过对社会制度的创新，对环境友好的产业进行扩大，对其他产业进行优化升级，形成资源节约的产业结构，从而减少企业在发展过程中对废弃物的排放，提高资源的利用效率，进而实现经济与产业的绿色协调发展。大力发展科学技术，不断地对科学技术进行创新，让人们的生活形成数字化与智能化，让人力资源的分配效率得到提高，从而让经济得到持续的发展与提高，让人们的生活水平得到完善与优化，进而促进人与自然和谐发展，互利共生。

当前中国进行的绿色发展就是对科学发展观这一思想的实践，是在探索与研究当今时代发展模式之后，根据我国的基本国情与经济发展状况形成的经济健康绿色可持续发展的具体方式措施。绿色发展这一观念认为，环境与发展之间的关系是冲突的，具体来说就是利益之间的冲突，不仅包含人与人之间的冲突，同时还包含人与自然之间的利益冲突。那么，人们应该如何面对与解决这些利益冲突呢？有人提出可以运用系统论的观点，在技术层面与社会层面来看就是将人与自然的利益关系进行重新分配与调节，从而人与自然和谐共生，促进社会与经济的和谐发展。另外，对绿色发展这一理念进行研究我们就会发现，这个理念的核心观点就是实施发展措施的时候一定要尊重自然发展的规律，尊重经济发展的规律，尊重社会发展的规律，按规律办事。因此要想在生活当中实现绿色发展这一理念就需要对社会制度进行创新，政府要提高与完善自身的服务水平。在社会当中形成绿色发展的风气，让人们形成绿色发展意识与观念。大力发展科学技术，提高产业结构的优化升级，让人们的生产、生活与消费都是绿色健康与可持续的。实行协调绿色发展，加快实现社会主义现代化。大力发展经济，让人们的物质需求与精神需求得到满足，从而使社会上有更多的人才，促进人力资源的使用效率，进而促进人与自然的和谐共生与互利共赢。

随着资源环境与经济发展的矛盾日益突出，以低能耗、低物耗、低排放、低污染为特征的低碳经济（Low-carbon Economy）成为未来经济发展方式的新选择。

2003年英国政府发表了题为"我们未来的能源：创建低碳经济（Our Energy：Creating Future a Low Carbon）"的《能源白皮书》（UK Government，2003），首次提出了"低碳经济"（Low-carbonEconomy）的概念，引起了国际社会的广泛关注。[①] 低碳经济就是经济的发展对资源的利用是低能耗的与对污染物的排放是低污染的，这样不仅可以减少温室气体的排放，同时还可以提高能源的利用效率与优化能源结构。那么要想实现低碳经济最主要的就是对能源技术进行创新发展升级，对生产制度进行创新，让人们形成可持续的发展理念，在日常生活中形成低碳消费、低碳生产的形式，从而全方位的建设成现代工业的文明，让中国成为一个经济可持续发展的现代化国家。

发展低碳经济，主要来说就是要建立低碳经济的长效机制，通过这一机制让社会经济向低碳经济发展，从而实现经济的可持续发展。

由此我国应该结合当前的经济形式，制定低碳经济发展政策，并将政策尽快落实到位，建立并完善评价制度，形成明确的评价指标。从而让低碳经济有效地全面推行与实施。

除了制定低碳政策之外，我们还可以建立低碳机构，从而促进低碳经济的开发与研究。

要想建立低碳经济的科技创新，就需要做到以下是三个方面：第一要加大科技投入，让战略技术不断地进行储备与发展；第二就是将现在市场上拥有的低碳科学技术进行整合，从而加快低碳科学技术的进步与发展。加快将科学技术转向生产；第三就是大力开发可再生资源，促进产业的优化升级，提高资源的利用效率。

除此之外，我们还应该将现在已经拥有的科学技术作为绿色经济发展与创新的平台。从而不断地在国际上进行交流，促进中国科学技术的进步与发展。

3. 推行绿色生产

很多专家学者都对绿色生产进行了定义，但是始终没有一个统一与明确的说

[①] 鲍健强，苗阳，陈锋. 低碳经济：人类经济发展方式的新变革[J]. 中国工业经济，2008（04）：153-160.

第三章　环境社会学理论分析与实践探索

法，其中主要的观点包含以下三点：

首先，从对环境的影响来看，绿色生产是指人的社会行为与企业行为是符合生态发展规律的，不会对环境造成不良的影响，经济是可以持续发展的，那么怎样才算是符合这一发展标准的呢？具体来说就是看产品本身是否是绿色的、可持续的。然而产品的绿色主要就是体现在产品的生产过程与消费过程是否绿色，不管是产品的包装还是产品的内容，还是产品最后的回收与利用都要符合环境保护的原则。所以在进行产品设计的时候就要考虑产品的原材料与最终的产品是否会对环境产生影响，在进行产品生产的过程中，企业也要符合绿色生产的标准，在生产的过程中减少对环境有污染的原材料的使用。让原材料的使用更加便捷与容易控制。

其次，从利益的方面来看，我们发现绿色生产要实现企业利益、社会利益与个人利益的统一。具体来说就是企业生产的时候不仅要让消费者的需求得到满足，同时还要让自身企业的利益得到满足，除此之外，还要兼顾生态环境的可持续发展，从而满足自然生态环境的长远利益。采取有效的措施对消费者、企业与生态环境这三者之间的关系进行协调，统筹兼顾，从而促进环境与经济的可持续发展。

再次，从企业的发展来看，我们发现绿色生产是有利于企业发展的，具体来说，绿色生产可以促进经济的可持续发展，进行绿色生产与发展时，企业将会有计划有目的地进行规范的生产活动，在这个基础上进行的生产活动不仅可以满足消费者的利益发展，同时还能让企业的利益得到满足，从而实现两者利益的统一，因此，从总体来看，我们发现在没有降低企业发展利益的同时，还能满足消费者的利益，让生态环境可持续发展，这就可以说明绿色生产是有利于企业的发展。除此之外，绿色生产还可以让自然资源不遭受破坏，保持生态平衡，为后代也留下了生产与发展的资源。

周仕通认为，绿色生产的含义是绿色生产是建立在企业生产活动注意经济效益、环境效益和社会效益的协调基础上，整个生产过程包括消费者消费行为绿色分析及绿色产品研发、原材料绿色采购、工艺流程设计、生产设备采用及加工、产品绿色包装、绿色物流，考虑到环境的影响和资源的节约而建立的各种关系，是一种新型清洁生产方式。与传统生产方式相比有如下特点：在利益上注意经济效益、环境效益和社会效益的协调；在消费上与绿色消费相配套；在生产流程上注意原材料节约和对环境保护；在生产管理上更加注意以人为本的管理方式。显然这种生产方式是和建立资源节约、环境友好社会相适应。[①]该定义强调经济效益、环境效益和社会效益的协调，注重企业生产过程的绿色化。

到目前为止，绿色生产的定义都是围绕企业生产而制定，在现实社会生活中，不仅企业生产过程中影响生态环境，农业生产等也会对生态环境及人体健康带来影响，因此，绿色生产应该是广义的，既包含企业生产，也应包含农业生产等其他产业。

绿色生产可持续的生产方式，是有利于环境保护的生产方式，这种生产方式不仅满足市场发展的规律，还满足自然生态环境发展的规律。因此在生产过程中，我们要多使用绿色原材料和绿色能源，研发并使用绿色技术，实施绿色管理；对产品，要求实行绿色包装、绿色营销、绿色物流、绿色服务和绿色消费；使产品在整个生命周期中，对自然环境和人体健康的负面影响最小、资源利用率最高，生产者利益、消费者利益和生态环境社会学利益的协调达到最优的生产方式。绿色生产的基本要义在于：

第一，绿色生产是节约资源的生产。使用绿色原材料，就是指在原材料选择上充分考虑原材料的毒性、生态影响、可再生性、可回收性以及原材料获取的能源强度等。使用绿色能源包含两个层面的内容：一是采用节能新工艺节约能源，充分使用清洁能源；二是研发并使用可再生能源。实施绿色生产，大量使用可再生资源，节约使用现有的资源，大量回收废弃物并综合利用，最大限度地提高资源的利用率，是建设资源节约型社会的必然要求。

第二，绿色生产是环境友好的生产。研发使用绿色技术，包括两个方面内容，一是绿色产品创新，即开发能节约原材料和能源、少用昂贵和稀有物资的产品，使产品在使用过程中和使用之后少危害或不危害自然环境和人体健康，产品功能完结后易于回收利用和再生降解。例如，用异噻唑啉酮代替有机锡作防污剂。海轮长时间在大海上行驶，船体外壳沉没于海水中的部分会长出海洋生物（海藻和贝壳等），从而增大航行阻力，增加燃料消耗，降低船速。据统计，美国军舰的污垢处理费用每年就高达1亿美元。有机锡防垢涂料虽能有效控制船体污垢的增长，但同时带来了海洋污染，为此，美国环保局（EPA）和海军开展有机锡替代

---

① 周仕通.企业绿色生产问题探讨，商业时代，2007年第10期。

物的研究，异噻唑啉酮的研发，较好地解决了防垢与污染的矛盾，并获得了1996年首届美国"总统绿色化学挑战奖"。又如，绿色杀虫剂的研发。据联合国粮农组织统计，全球每年粮食作物因病虫害而减产达30%，由此而造成的经济损失达1200亿美元。为了对付病虫害，提高农作物产量，只好大量使用化学农药，而农药的长期使用，会使害虫产生抗药性，农药残留极易造成人畜中毒，且影响土壤肥力，影响农作物品质。二酰基脚的发现，提供了更安全、更有效地控制农作物害虫的技术，该成果获得1998年美国"总统绿色化学挑战奖"的设计更安全化学品奖。二是绿色工艺创新，包括减少生产过程中污染产生的清洁生产技术和末端治理技术两方面的创新活动。例如，用高分子气体离子浓缩、回收燃烧废气中的CO_2，能把CO_2浓度浓缩10倍，既减少了CO_2的排放，又能把浓缩的CO_2作为化工原料之用。

绿色生产是对传统生产方式的根本变革，是企业清洁生产的外延与拓展，是大力发展循环经济的重要手段，是实现"节能、降耗、减污、增效"的重要途径，是应对贸易壁垒的重要措施，是实现社会经济又好又快发展的重要平台。

4. 倡导绿色消费

从消费的对象商品这个角度来了解与分析绿色消费，具体来说，绿色消费就是购买不会对人体造成伤害的产品，在使用过后不会对环境造成污染，对资源是高效率利用的商品，购买没有剥夺动物生命的商品，购买有利于国家进步与发展的商品。

绿色消费是指生产时自然资源和能源以及有毒有害原材料的使用量最小，生产过程、服务或产品的生命周期中所产生的废物和污染物最少。消费时注重消费者和自然界权益，满足人类提高生活质量需求的一种适度的理性消费。

绿色消费是消费者自身的需求。经济的持续高速增长，物质产品供给的极大丰富，改变了人们的生活方式，满足了人们的生活需要。但是，传统的产品在给人类带来使用价值的同时，也带来了环境污染，甚至威胁到人们的健康。例如，我国继20世纪80年代第一波衣食消费和90年代第二波家用电器消费热潮之后，正处于以家庭住房、交通通信、家用电脑、家用汽车等为主要内容的第三波消费热潮中。汽车的大量使用，排放了大量尾气，影响了空气质量，严重时光化学烟雾的产生会直接危及人类生命安全，含铅汽油的使用，造成了铅污染。化学染料的大量使用,其有害物质使衣服对人体造成伤害。老百姓买房后都要装修,但很多建筑装饰装修材料含有较多甲醛、挥发性有机物、放射性物质,使居室内空气环境受到污染。汽车内的有害装饰材料使空气受到污染。电视机、电脑、复印机等现代产品也不同程度地存在着电磁、射线、挥发性有害物质的污染。这些物质对人体会造成很严重的危害,甚至还会威胁人们的生命。随着时代的进步与发展我们发现,人们的生活水平不断提高,人们对生活的标准越来越高,人们追求高质量水平的生活,因此,消费者愿意消费高质量的环保产品。

绿色消费是企业发展的需要。绿色消费进入中国,经历了一个较长的过程。1999年,国家环境保护总局等6个部门启动了以开辟绿色通道、培育绿色市场、提倡绿色消费为主要内容的"三绿工程",标志着绿色消费的浪潮在我国兴起。2001年,中国消费者协会适时地将"绿色消费"确定为该年的消费主题,有力地促进了消费观念的普及。

2006年10月24日,财政部、国家环境保护总局联合印发了《关于环境标志产品政府采购实施意见》(以下简称《意见》)以及《环境标志产品政府采购清单》。《意见》要求各级国家机关、事业单位和团体组织使用财政性资金进行采购,应当采购环境标志产品,不得采购危害环境及人体健康的产品。国际经验表明,政府采购因额度大、产品范围广以及政府行为的表率作用而对生产、消费模式以及社会生活产生着深刻的影响。各国政府采购在其GDP中占的比例很大。《意见》的颁布标志着我国政府已正式将环境纳入政府采购模式,树立了政府部门良好的环保形象,增强了环境友好产品的购买力度。显然,《意见》对生产者的压力和动力是不言而喻的。生产者为了赢得政府这个市场上最大的客户,必将提高管理水平并进行技术创新,以满足绿色采购所关注的资源的减量化、再利用、再循环,减少生产过程和产品生命周期内的环境污染和对人体健康的危害。反之,如果不能生产出合格的环境标志产品,就会被排除在政府绿色采购的大门之外,而这失去的不仅仅是政府采购市场,甚至会波及产品的社会消费市场。政府进行绿色采购,为市场的发展做出了很好环境保护导向,让市场与消费者对环保产品更加认可,让人们更愿意购买环保产品。人们购买环保产品数量的增加不仅可以促进环保产品发展,同时还能将不环保的产品进行淘汰,从而让绿色环保的消费理念更加的深入人心。形成良好的环境保护的社会风气,从而促进我国绿色经济的发展。

绿色消费是提高产品国际市场竞争力的需要。我们应该抓住绿色消费浪潮越来越高涨的机遇，实施绿色战略，开发绿色产品，提高绿色技术，调整和优化产业结构，跨越绿色壁垒，在国际市场中占有更多的份额。

　　绿色消费是实施绿色发展的需要。绿色发展的目标是实现经济进步、社会公平、人类与自然互利共生，绿色发展要求绿色生产和绿色消费实现良性互动。绿色消费要求消费者的消费活动必须有利于环境保护、资源有效利用和人的整体素质的提高。绿色消费的核心是崇尚自然，减少污染，追求健康与和谐，是一种适度的理性消费，也是一种资源节约型消费和环境友好型消费，充分体现了节约、健康、环保和科学的消费理念。对绿色宣言进行研究我们可以发现，进行绿色消费是人们生活中的一种利益与权利，这样才能保障后代健康的生存与发展。与此同时，绿色消费还是人们生活当中的一种义务，这要求我们作为消费者要承担起保护环境的责任，表达我们对地球母亲的感恩与保护。另外，我们还可以将绿色消费当作一种消费潮流，绿色消费代表着消费者的生活水平与生活质量，体现着消费者的文明程度。绿色消费所倡导的消费观念、消费结构、消费行为和消费方式适应了绿色发展方式的要求，是实现绿色发展的需要。

第四章 教育社会学理论分析与实践探索

本章为教育社会学理论分析与实践探索，主要包括三节内容，分别是第一节教育社会学相关概述、第二节教育组成要素的社会学分析、第三节教育问题的社会学分析与调节。

第一节 教育社会学相关概述

一、教育社会学的概念界定

前述两种对教育社会学定义的角度，虽然表明教育社会学对教育社会学研究对象和视角的观点不同，然而只从这两种角度中的一种对教育社会学下定义，又太过具体或抽象。如，单从研究方法方面入手，教育社会学的研究内容就难以明确把握，而但从研究对象入手，又难以区分教育社会学与其他教育学科。因为教育社会学是将教育和社会放在一起研究的学科，凸显了其交叉学科的性质，就说明其不能从任何一个单方面进行定义。

在我们看来，教育社会学的研究领域是社会结构，研究对象是该领域的教育制度与过程中的社会行动。总结说来，教育社会学便是"研究教育活动之社会过程及其与其他社会过程影响关系的学说体系"。[①]

这个定义方式主要是采用了系统论的方法。系统论的教育社会学认为，社会是一个动态的整体，具体研究和探讨"社会结构中的教育制度与教育过程中的社会行动"问题，即教育活动的社会属性。以下三个相互联系的基本观点构成了系统论的教育社会学：其一，社会是一个巨系统；其二，教育是社会的一个子系统；其三，教育自身是一个社会系统。

---

① 刘慧珍.教育社会学[M].沈阳：辽宁教育出版社，1988：10.

第四章 教育社会学理论分析与实践探索

迪尔凯姆、孔德、帕森斯、韦伯等社会学大师都非常重视界定社会和社会行动的概念，因为在社会学理论领域，这两个概念占据着重要的基础性地位，是理解和建立教育社会学研究问题与教育社会学学科本质特点的关键。

马克斯·韦伯认为，通过两个条件可以判断社会行动：其一是关系到他人（指向他人）。但这是指在意向上，他人的行动是自己行动的取向，这样的行动才能称为社会行动，而并非随便两个人接触就具有社会性质。其二是行动富有文化意义。社会的文化价值观念影响并决定人做事，对不同的人，同一事物的意义不同，对同一事物，不同的人的追求和目标与处理方法也不尽相同。总的来说，韦伯所定义的社会行动，是指向他人并赋予其文化意义的行动。

帕森斯认为，以下四个基本因素是每一个社会行动都具有的。其一，社会行动者，也称为行动主体。在帕森斯看来，行动者便是个人，放在教育社会学中即指，学习、教学等社会行动和学生、教师同样重要，要给予同样的关心。换句话说就是，在教育社会学的研究视野中加入"人"。其二，行动的社会环境和情境条件（包括行为规则、价值等物质和精神条件）。在现实生活中，人的很多行为都不仅仅受制于自身因素，他人和外界环境也起到很大的限制作用，从而造成行为的复杂性。其三，行动的工具和手段。由于所选择的手段对目标的实现具有制约性，因此行动的手段和工具对实现目标的程度具有决定作用。其四，行动的目标。行动者制定的追求目标是行动过程和结果的影响因素。[1]整体来说，这个社会行动的概念，是帕森斯在继承和丰富了韦伯的社会行动理论的基础上，结合结构功能和体系的观念提出的。

值得注意的是，社会的构成关键在于是否"有相互影响关系"，而不是看人数的多少或规模的大小，也就是说，哪怕一个群体只有寥寥几人，但若彼此之间存在相互影响的关系，这个群体也可以称为社会群体，因此我们这里所说的社会，是指有相互影响关系的人群。而社会行动是有互动意义的行动，即是将人际相互影响关系囊括在内的行动，其中的互动有单向和双向之分。教育社会学是对教育过程中的社会行动进行研究，也就是研究教育中与人和人相互影响有关的问题和现象。

明确并掌握社会和社会行动的概念具有以下两方面的好处：一方面，有利于

---

[1] 乔纳森·特纳.社会学理论的结构（第6版·上册）[M].邱泽奇，等译.北京：华夏出版社，2001：31—32.

我们掌握教育社会学研究的问题;另一方面,有利于我们规划和理解自己与他人的行动。

总的来说,社会和社会行动的概念打破我们从个人角度去讨论的观点,强调个人在群体关系中的作用,因此它们是我们建立教育社会学研究视角的重要垫脚石,正确运用它们去分析问题,对我们教育社会学想象力的充分发挥很有好处,进而能促进教育社会学的学术敏感性的形成。

二、教育社会学的学科意识和性质

(一)教育社会学的学科意识

对教育社会学的研究对象和视角、学科归属、定位和性质等基本问题的意识与把握,是每个研究教育社会学的人所应该具有的,这是教育社会学的学科意识,即关于教育社会学的总体意识。它主要为教育社会学的定义、研究内容等问题提供答案。其与教育社会学具有相互作用关系,教育社会学学科本身的发展和成熟是清晰的学科意识赖以生存的基础,而清晰的学科意识是教育社会学实现发展和成熟的必要前提条件。

一个研究者只有具备清晰的学科意识,其所运用的学科视角、提出的问题、得出的研究结果才能带有教育社会学的学科意味。然而我国研究者正是缺乏清晰的学科意识,在研究最初和研究过程中,既没有从教育社会学的研究视角提出问题,也没有在分析和解决问题时运用教育社会学的视角与方法,毋庸置疑,其所得到的研究结果也不具备教育社会学的学科意识。因此,尽管"教育社会学研究""某某教育问题的社会学分析或研究"的研究很多,但是大多是缺乏教育社会学的学科意识的。整体来说,我国教育社会学在学科意识方面的自觉性还有待提高,原因是目前还处在学科的初创时期,学科发展水平的制约力仍然存在。

因此,促进学科意识自觉性的苏醒,确立明确的学科意识,是我国目前首先应该着手的问题,也是实现我国教育社会学学科发展和成熟的重要一步。只有解决这个问题,教育社会学的特点和价值才有意义,其存在的必要性与合法性才有保障,发展和成熟才有可能。

现有两种不同的教育社会学学科意识观,这是我们根据强调学科界限的不同程度区分出来的,谢维和分别用"常规性的学科意识"和"反思性的学科意识"来命名这两种学科意识。①

拥有常规性的学科意识的研究者,在分析和研究教育活动与现象时,必须以严格的学科角度为出发点,对包括选题、研究方法、研究视角和结构等在内的教育社会学的研究过程,要规范对待;拥有反思性的学科意识的研究者,其出发点大多是现实的教育问题,学科界限比较模糊,并以此为基础分析和研究教育社会学。他们突破某些具体的研究框架和标准限制,不断对旧有的社会学研究框架和标准进行反思、批判,甚至是重构。

一般情况下,拥有常规性学科意识的研究者几乎都具备学科"规训"(discipline)特性,即为了将研究的教育社会学的学科意味体现出来,会用一个相对固定的研究模式和框架去研究教育社会学,并且希望是要求其他研究者也要按照这个研究模式和框架去进行研究。而拥有反思性学科意识的研究者,对这些人为的学科之间的界限并不太关注,他们的侧重点是教育社会学综合特征的发挥,并且不断地从相关学科的学术资源里吸收和借鉴,以便能够更好地对教育现象和问题进行研究,即"问题决定研究"。正如前面所说,反思性学科意识的持有者总是以反思、批判和重构的态度去面对教育社会学已经具有的研究模式和框架。整体来说,在现实中,这两种学科意识在教育社会学的研究中是有一定张力的。

每个事物的存在都有其合理性,就像在教育社会学的学科发展中,常规性学科意识和反思性学科意识的存在。在对教育社会学的研究和学习中,这两种学科意识的发展也不是独立,而是时常以交织的形式存在。所以,为了有效促进我国教育社会学的学科发展,我们应该对两种意识的优点和不足有个充分认识,并始终保持一种动态的学科意识观。

如今在教育社会学的研究中都存在很多的问题和不好的现象,如学科意识不清晰,学科视角不明朗,在没有界定和说明基本概念的情况下进行理论研究,在研究设计、实施和解释方面不规范的前提下进行实证研究等,这些问题和现象都是造成教育社会学研究质量低下,限制学科向前发展的重要原因。因此,在教育社会学学科发展的初期,加强常规性学科意识很有必要,重点是从学科意识和研究视角两方面强调,这是为教育社会学必要性和合法性的存在提供的基础。尤其

---

① 谢维和.教育活动的社会学分析:一种教育社会学的研究(修订版)[M].北京:教育科学出版社,2007:6.

是对处在教育社会学发展现阶段的我国来说，这种强调更具有现实性和必要性意义。有利于提高研究的严谨性和规范性，以及学科的体系性和完整性的建设。

常规性的学科意识只在教育社会学的研究初期适用，它对教育社会学学科特点的明晰，以及教育社会学学科边界的界定等，作用极大，意义非凡。然而在教育社会学发展到一定程度之后，常规性的学科意识的"学术规训"就体现出很明显的弊端，严重影响教育社会学的发展和深入研究。这时，就很有必要运用反思性学科意识的批判意识和取向。在面对具体的教育问题时，它能综合多种学科视野对教育问题进行分析和研究，而不是局限于具体的某一学科，并且，它强调"问题解决方法"，将教育问题的复杂性和整体性作为侧重点。由于其对教育模式和框架的反思、批判以及重构态度，使得其对教育社会学理论的创新发展具有极大的促进作用。

综上所述，在教育社会学的发展初期，起重要作用的是常规性学科意识，而随着教育社会学的发展和成熟，要在合适的时机采用反思性的学科意识，从而使教育社会学的发展一直延续，甚至是进入创新的阶段，更上一个层次。

（二）教育社会学的学科性质

1. 关于教育社会学学科性质的异议

学术界对教育社会学学科性质的看法各有所长，比较有代表性的观点主要有以下几种：

（1）教育社会学是社会学的分支学科

说准确点，教育社会学是社会学的应用学科。在有此观点的学者看来，任何一个知识体系，其所运用的研究对象角度、方法、手段和原理与其他学科存在差异，是造成该体系与其他知识体系不同的原因，因此，确定一个知识体系的特点，不能只从研究对象入手。此观点认为，教育社会学研究教育的角度是社会学，因为其所采取的理论和研究方法是社会学的。所以，从本质上来说，教育社会学所得出的理论观点应属于社会学理论体系。此观点界定教育社会学的学科性质是从研究的视角和方法两方面进行的。

（2）教育社会学是社会学的理论分支学科

这种观点主要在新兴教育社会学（sociology of education）学者之间较为常见。在此观点看来，为了社会学理论更加完备，在社会学中将教育体系视为一个重要的研究领域，研究发展新的理论观念，即运用社会学对教育体系进行分析，这也是该观点所认为的教育社会学的主要目的。

（3）教育社会学是教育科学的一个分支

在此观点看来，教育社会学应该归属于教育科学的体系，因为其与教育哲学、教育法学等具有同等的性质，而这些学科都属于教育学科的理论体系，并且该观点还认为，教育社会学的研究对象属于教育领域。这种观点对于教育社会学学科性质的界定是从研究对象的角度入手的。

（4）教育社会学是介于教育学和社会学之间的边缘学科

此观点认为，从不同的角度去看教育社会学，其所属的学科不同，认为教育社会学应划分进教育领域的，原因是教育活动和教育现象是其研究对象，而认为其也应划分进社会学范畴的，原因是社会学是其研究视角、理论和方法。因此，教育社会学是介于教育学和社会学之间的边缘学科。

（5）教育社会学是教育学与社会学的中介学科

此观点承认教育社会学是在教育学与社会学之后产生的，但并不认为其是这两个学科的边缘学科或者交叉学科，也不认为是教育学的产物，而仅仅是社会学在教育领域的应用。因为这两门学科之间有指导和被指导或包含与被包含的关系，所以教育社会学应是起到了中介的作用，属于教育学与社会学的中介学科。

根据以上所述的各种观点，我们大致可以概括出三种专家学者对教育社会学学科性质的了解和认识。其一，认为教育社会学是社会学的一个分支，因此应划分进社会学领域，其中，不同的专家学者之间也存有异议，大致是对教育社会学是属于社会学的应用学科（第一种观点），还是属于理论分支学科（第二和第五两种观点）存在不同看法。其二，认为教育社会学是教育学的一个分支学科，因此应划分进教育学领域。其三，认为教育社会学学科具有强烈的边缘性质。

2.对教育社会学学科性质的界定

我们在这里认为，教育社会学应在理论方面勇于创新，其不是局限于社会学的应用学科，而是属于社会学的分支学科。

原因之一：由前述我们可知，教育社会学的创始人是迪尔凯姆，其是法国著名的社会学家，被冠之"教育社会学之父"的头衔。他是第一个以"社会实在"来看待教育活动，并系统地运用社会学的视角来研究教育现象的人。由此看来，在教育社会学出现之时，便与社会学有了千丝万缕的关系。

原因之二：纵观教育社会学的漫漫学科发展史，我们不难看到，教育社会学发展相对缓慢时期，正是将其划分进教育学时，而其得到较好发展时期，正是将其划分进社会学时。因此，为了教育社会学的良好快速发展，应将其归属于社会学门下。

我们以美国教育社会学的发展为例来为此观点提供支持。班克斯（Banks）说，1910—1926年，美国大学和学院中教育社会学学科的设置数量由40个快速增长至194个，1916—1936年，在此30年间，美国出版教育社会学教科书25本。[①]然而在1940年之后，课程数量却呈现下降的趋势。班克斯是美国著名的教育社会学家，其言论证明，在教育社会学进入美国之初，发展速度是喜人的，但后来却出现退步现象，其主要是因为将教育社会学划分进了教育学领域，被纯粹看作是社会学的一个应用学科。它未对学科理论做出任何有价值的贡献，原因是其身份，只是为了解决各种实际教育问题的社会学使用只是汇总。

另一种原因是，只在社会学系之外进行教育社会学的教学，社会学家也不提供任何关注和支持，导致教育社会学最终被搁置在社会学之外。直到1963年，这一现象才有所改观。将教育社会学划分进社会学领域是其最重要的一个标志，社会学学会接管了于1927年创刊的《教育的社会学》（Educational Sociology），并将其更名为《教育社会学》（Sociology of Education）。在这一系列转变之处，美国的一些学者认为社会学家们走不出学术研究的深潭，对教育领域中各种充满活力的事实和现象选择无视。因此，他们不得不担心教育社会学的未来发展，对社会学家们侧重关注理论建设而轻视其教育应用和检验表示质疑。

然而，20世纪60年代至20世纪70年代，美国教育社会学出现的一次理论大发展证明了将教育社会学划分进社会学领域，以及大力强调教育社会学的社会学性质和调动社会学家积极参与的正确性。这一时期，也是有关教育社会学的各种主流理论出现时期，如教育冲突论、教育互动论等，各学派之间的理论纷争，使得这一时期呈现出繁荣的景象。至20世纪80年代，美国社会学研究领域中，最受关注、最热门的分支学科，已属教育社会学无疑。

---

① T.胡森，T.N.波斯尔斯威特.教育大百科全书（第2卷）[M].张斌贤，石中英，等译.重庆：西南师范大学出版社，2006：249.

三、教育社会学的学科功能

对教育社会学学科功能的探讨，说通俗点，就是为了弄明白教育社会学研究的方法论问题。我们在这里认为，教育社会学要能够说出具体的含义、原因并得出结论，结论是由含义和原因发展而来的，这毋庸置疑。整体来说，这是在具体研究中，教育社会学研究方法论"事实基础上的价值涉入原则"的要求和表现。

因此，我们能够得出教育社会学研究的三个主要功能：描述、解释和咨询功能。

（一）描述功能

在为"是什么"提供答案的过程中，教育社会学的描述功能得到实现。教育社会学研究，以及教育社会学其他功能的发挥，其共同的基础和前提，就是对教育活动进行客观全面的描述，将各种教育现象和场景真实地再现。

在对教育活动发挥社会学的描述功能时，教育社会学一般会采用量的和质的两种方法。量的描述方法尤其注重拥有效度和信度的研究，以及随机性和代表性的取样，通常还要有一定的研究工具和技术方法作为辅助，以某种数量化形式代表研究结果出现。质的描述方法侧重于研究比较具有代表性的问题，不一定要得出结论，其研究教育活动的社会属性的方法主要有教育叙事、参与式观察、口述史、田野工作等。

（二）解释功能

在为"为什么"提供答案的过程中，教育社会学的解释功能得到实现。其是以对教育活动的客观全面描述为基础的，由于其是教育社会学的重要学科功能之一，因此其对教育活动的解释也具有社会属性。

通常来说，现代主义和后现代主义的解释方法，是教育社会学比较常用的两种解释方法。现代主义解释方法的代表人物之一是迪尔凯姆，在他看来，只有对教育活动或现象产生的历史原因和功能发挥情况认真考察之后，才能对其进行正确的解释。这也是迪尔凯姆的社会学方法准则。现代社会科学对教育活动进行客观解释的入手点，是教育活动的外部影响因素和内部客观功能，在终极意义上，其认为正确的解释是唯一的。

但在后现代主义的解释方法看来，并不存在这个终极意义上"唯一的正确解释",而是可以无限地对一个教育活动的意义进行解释。它是一种个体化的解释方法,力求说明教育活动主体的主观动机、意向等与教育现象的意义之间的联系。

(三)咨询功能

在为"怎么样"提供答案的过程中,教育社会学的咨询功能得到实现。教育社会学的研究,并不局限于发现和说明问题,它也能积极地去解决问题。也就是说,教育社会学的研究成果,能够为解决教育问题提供参考价值和功用,这就是教育社会学的咨询功能。

第二节 教育组成要素的社会学分析

一、班级组织的社会学分析

在学校中,班级组织属下位组织,它既是开展各种教育、教学活动的基层单位,也为学生具备社会性和发展个性提供了主要环境。然而,在某些时候,学校组织的特征中是不包括班级组织的特征的,所以,针对班级组织的社会学分析就显得很有必要。通常说来,主要通过三种视角来进行班级组织的社会学研究:其一,"群体"角度的分析,代表人物是美国早期教育社会学家华勒,也就是将班级视为一个特殊的社会群体;其二,"社会系统"角度的讨论,代表人物是美国社会学家帕森斯,也就是将班级看作一种特殊的社会系统;其三,将班级看作一种"社会组织"。三者中,"社会组织"是班级的首要特性,班级首先并一直是一种社会组织,先有班级的建立,再有班级社会群体及班级社会系统的形成。

(一)班级组织的特点和功能

1. 班级组织的特点

班级组织也叫作学生组织,与成年人相比,班级组织的成员社会独立性和社会责任性不足;另外,班级组织主要是用来学习社会,而并非参与社会。由此,可将班级组织的特点归纳为:其一,班级是在成年人指导下由未成年人组成的组织。也就是说班级成员通常是未成年人,缺乏法律意义上的社会责任能力,需要成年人从旁指导以成长、成才;其二,各种群体存在于班级内部,也就是存在各种人际关系的组合形态。其三,"人格化群体"是班级的外部表现。班级总是通过"班风"将自身很明显的文化、心理等体现出来。其四,班级具有发展性和可塑性。在班级刚形成的时候,都只是一个偶然联合的群体,比较松散,然而,经过发展,班级能够成为一个团结合作、有凝聚力的班集体。

2. 班级组织的功能

(1) 社会化功能

在推动学生实现个体社会化方面,班级是一个重要组织。从方式来说,因为以遵循社会要求为前提,并以儿童身心发展的水平选择为依据设计出班级组织社会化的组织、内容、方法和目的等,所以,实现班级组织的社会化功能是一个有组织、有计划、有目的的操作过程。从内容来说,班级组织的社会化功能的内容主要有:根据社会需要和教育目标,教育并引导学生形成正确的世界观、人生观、审美观,以及树立正确的理想和道德等;传授系统的科学文化知识,使学生掌握基本的社会生活技能;班级组织还提供条件以便培养学生的交往能力和社会实践能力;班级组织的形成使得学生逐渐融入并适应社会生活,在家庭之外学会独立。所以,通过学生的社会学习和交往活动,班级组织的社会化功能能够对社会要求与学生个体发展水平之间的相互作用进行动态地调节和控制,从而使学生从一个自然有机体转变成社会成员。

(2) 个性化功能

班级组织兼具社会化功能和个性化功能于一身。假如说遵循社会要求教化、定向和控制个体的社会同一性是班级组织对儿童的社会化功能的主要体现,那么,遵循儿童身心发展水平和规律,培养儿童个性形成并发展就是班级组织对儿童的个性化功能的表现。发展人的个性,是社会和个人发展的共同需要。所以,在班级教育教学过程中,为了帮助学生个性的发展,教育者要将社会需要和教育目标相结合,采取多样化的教学内容与个性化的教学方法,培养和发现每个学生的潜能与特长。

(3) 选择功能

关于班级组织的选择功能,主要有以下几个观点:其一,班级组织的选择功能指的是班级发挥对儿童社会地位的选择职能,在此观点看来,先天属性和后天成就决定着一个人的社会地位,而班级组织不仅加强了儿童的先天地位,也为儿童提供了获得后天成就的平台；其二，班级组织的选择功能主要是指职业选择功能，也就是学生在还未进入社会就业时，教师主要通过班级教学和教育过程来指导学生职业的选择；其三，班级组织的选择功能与其社会化、个性化功能密切相连，依据社会分工和专业化的发展，教育要同时培养个体化以及社会共同生活所必需的品质，这个过程便是选择的过程。

（4）保护功能

一般情况下，人们总是用教学单位来形容班级，普遍认为班级是学习的场所。事实上，班级不仅是学习的场所，它还对班级成员起到了保护作用，主要表现在关怀、照顾与指导未成年学生的身心发展。我们都知道学生时期是一个人身心发展的重要时期，经常会遇到许多问题，也比较容易受到伤害，所以，就尤其需要来自教师和班级成员的关怀与保护。同时，对儿童思维、价值观念、理想的保护也是班级组织的保护功能的体现，这是对儿童个性的保护。

（二）班级组织的结构分析

在教育社会学中，很少看到分析班级组织结构的研究。我们这里主要以学者吴康宁的研究成果为依据来进行分析的，即班级组织中有两种组织结构：正式结构和非正式结构。

1. 班级组织的正式结构

一般情况下，正式结构指的是组织中的工具性角色的结构。在班级组织中，工具性角色指的是提供服务从而完成班级工作的角色。班级的正式结构在我国的中小学中，通常有三个层次：第一层是班干部，对全班工作负责；第二层是组长，对小组负责；第三层是班级的一般成员，即每位学生。

在班级正式结构中，班级学生干部发挥着最重要的作用。要对班级工作进行良好的管理，就必须有一定数量的学生干部。我们一般将学生干部分为自治性干部（担负班级管理职责的班委成员和小组长）、自助性干部（学科代表）、自娱性干部（负责各类自娱性活动的干部，如集邮小组长、足球小组长）三类。通常以任命和推举两种方式来筛选学生干部。其中任命制主要由班主任推荐、全班认同，但这种方式产生的干部，可能无法赢得学生的信任，威望也是外加的。推举制有直接选举和间接选举两种，由于是学生自主选出的干部，通常威信较高，人际关系也比较融洽。

班级正式结构类似于事业单位、工厂组织等成人工作单位，都是金字塔型，仅有班级成员中的少数学生担任"干部角色"，大部分学生还是"众角色"。这种金字塔型的班级结构，是造成学生地位差异和权威服从观念形成的一种重要的"文化资本"。尽管在儿童还未入学时就已存在了一定的地位差异和服从权威观念，这些主要是受家庭和同伴群体的影响，所形成的地位差异及相应的权威服从观念是异辈之间的和非制度的，在很大程度上都区别于学生在步入社会后形成的。儿童在班级组织中，才首次形成了正式的、制度化的地位差异和权威服从观念，这为学生进入和适应成人社会的重要的社会化基础。

2. 班级组织的非正式结构

班级组织中的非正式结构是从其他不同角度界定的一些成分组成的。它与正式结构的根本区别是，前者是班级成员在日常过程中自然形成的，而后者是班级组织的外部力量从制度上预先规定的。班级组织的非正式结构，主要取决于学生个体之间的人际关系，其参照系是班级中的"非正式群体"。非正式群体存在四个主要特点：其一，人数少，通常是3~5人；其二，吸引力强，群体内每两个成员之间都相互选择，全员在整个群体内部是相互选择；其三，集体性强，对本群体的利益，有超过一半的群体成员会自觉维护；其四，沟通效率高，群体内任一成员短时间内就能将得到的信息迅速传给其他所有成员。

班级组织的非正式结构体现出的是在班级这一社会结构中，班级成员的人际关系形态与非正式的社会地位状况。和班级组织的正式结构一起构成了在班级中学生的整体地位和人际关系状况，学生在班级中的地位、角色就取决于两者。事实上，班级组织的非正式结构表明了复杂的班级成员人际关系。班级组织的非正式结构的功能兼具积极性和消极性，原因在于并非以正式角色关系，而完全是以同学之间的情感需要为基础形成了这种人际关系。非正式结构的积极功能是有利于学生的交往与表现自我的需要的实现，以及班级成员之间意见交流的加强。消极功能是由于群体内部的过多接触，很容易影响班级成员参与班级组织活动，而对群体利益的盲目保护，很容易使群体在班级组织内孤立无援。

在班级中，仅有部分学生能够成为非正式群体成员，原因是群体内成员的相互选择产生了班级非正式群体，而相互选择仅是人际状况之一。在班级组织中，学生之间至少有五种类型的非正式关系，即单向选择关系、单向拒绝关系、相互选择关系、相互拒绝关系及无选择无拒绝关系。很明显，如果我们要完全以非正式群体的状况去了解班级中的非正式结构，那是不容易的，需要把班级中的非正式群体及其之外的学生个体相结合来说明班级组织的非正式结构。在选择中，每个学生既是主体又是客体，而且也有很多种选择可能性，就导致班级组织中的学生人际状况也存在众多的可能性，从而使学生的非正式地位也各不相同。

还有，研究班级组织的非正式结构也需要对其进行测量。测量班级组织的非正式结构主要有社会测量法和社会结构分析法这两种。社会测量法最早是由美国社会学家与心理学家莫雷诺提出，是以询问方式了解团体内部成员之间社会关系或社会意向的一种调查方法。二战后，人们开始普遍重视群体的人际关系问题，测量与研究人际关系就成了教育研究中的一个关键领域。对班级组织的非正式结构进行社会测量，应用价值较高，能帮助一些实际问题的解决。

二、教师角色的社会学分析

研究教学中教师与学生的社会角色，特别是研究关于教师的角色始终是教育社会学所研究的侧重点。斯宾塞（Spencer，D.A.）为《教育大百科全书》所写的词条"教学社会学"（Sociology of Teaching），实际上就是有关教师角色的研究状况，其主要包括的内容有：社会学的结构功能主义、冲突论和解释论这三种基本理论流派各自关于教师社会作用的看法，教师的社会特征与社会地位研究，教师的专业社会化等。[①] 我们在这一节主要探讨教师角色的教师专业社会化、教师权威、教师职业倦怠等几个方面，关于学生的社会角色，将在下一节做详细介绍。

（一）教师专业社会化

从教育社会学的角度来看，事实上教师专业社会化（teacher professional socialization）与教师社会化（teacher socialization）、教师专业化（teacher professionalization）是相同的概念。教师专业社会化是指个体向教学专业人员转变的过程。教师专业社会化的水平和程度，极大地影响着教学改革的推进、教学质量的提高、教学声望与地位的提升。20世纪50年代，默顿（Merton，R.K.）曾给社会化下过一个重要的定义，他说："社会化就是人们选择性地获得价值观和

---

① T.胡森，T.N.波斯尔斯威特.教育大百科全书（第2卷）[M].张斌贤，石中英，等译.重庆：西南师范大学出版社，2006：363-368.

态度、兴趣、技能和知识的过程——简要地说就是获得所在群体间的文化,或力图成为其中一员的过程。"[1] 虽然默顿的社会化定义提到了选择性获得价值观的特征,然而都是以功能主义的视角来大量研究教师专业社会化的,将社会化视为个体向教师转变的单一过程,却很少强调教师专业社会化过程中的互动、对立、冲突和选择等特征。我们这里对教师专业社会化及其与教学关系的探讨也基本上是从功能主义的视角入手的。

1. 教师专业社会化的发展阶段

就发展阶段而言,教师专业社会化存在预期社会化和继续社会化两个阶段。教师的专业预期社会化是指个体进行的准备性个体社会化,目的是适应将要承担的教师职业角色。教师的专业预期社会化包括所接受的职前教育以及教师自己主动进行的有关从教的各种知识和态度、情感等心理方面的准备性社会化。教师的专业继续社会化是指个体在获得了教师资格并进行了从教实践后为了更好履行专业职责而进行的社会化。如果预期社会化是一个"成为"教师的过程,那么继续社会化则是不断成为熟练教师和专家型教师的过程,是教师不断成长的过程。从时间跨度来看,教师的专业继续社会化将覆盖教师的整个职业生涯。教师的专业继续社会化的具体渠道有教师工作实践和各种在职培训、脱产学习等。

2. 教师专业社会化的内容及其对教学的影响

我们通常认为,教师专业社会化包括教师职业价值的内化、教师职业手段的获得、教师职业规范的认同以及教师职业性格的形成等方面的内容。我们接下来主要从专业知识和技能的获得以及教育忠诚感的培养等方面分析教师专业社会化及其对教学的影响。

（1）教师的专业知识与技能

专业知识与相关技能是教师的重要职业手段,一名教师的基本要求就是要拥有博大精深的专业知识,且掌握熟练的基本教学技能。所以,获得专业知识和技能就成为教师职业社会化的一个重要内容。根据《教育大百科全书》的看法,一名专业教师应该具备以下六方面的知识储备。[2]

教学内容方面的知识包括所教学科的知识和学科教学法知识等。在早期研究

---

[1] Merton, R.K.etal. (eds.), The Student Physician: IntroductoryStudiesintheSociologyofMedicalEducation. Cambridge, Massachusetts: Harvard University Press, 1957: 287.
[2] T.湖森, T.N.波斯尔斯威特著.张斌贤,石中英等译.教育大百科全书(第2卷)[M].重庆:西南师范大学出版社, 2006: 199.

教师学科知识时发现，教师的学科知识与教学效果之间无相关联系。然而，20世纪80年代中期以后的研究，将这一说法推翻。新的研究显示，教师的学科专业知识同时影响着教师的教学内容和教学方法。第一，教师的学科知识背景会对他们开发课程产生影响。在开发课程的过程中，教师总是习惯侧重自己更加熟悉的领域中的知识。第二，教师的学科知识还会对教师选择教学方法方面产生影响，如教师的学科知识对教师提问学生方式的影响。教师在教授自己不太熟悉和了解的知识领域时，总是会提问一些认知水平较低的问题；而在教授自己比较熟悉的知识领域时，则总是提问一些较高水平的问题。而且，教师的教学知识也会对教师的教学计划设计以及具体课堂教学产生影响。研究显示，教师的教学实践与其认识和理解学科教育目标之间存在非常强的同一性。

有关学习者和学习过程的知识包括学习理论方面的知识，学生身心发展、社会性发展方面的知识，学生在种族、社会经济地位以及性别差异方面的知识等。

普通教育学方面的知识包括课堂组织与管理方面的知识、课程结构的一般知识等。课堂的组织和管理效果在很大程度上都与教师所具有的普通教育学方面的知识相关。总是调和学生所发出的信号、更加了解学生中的主流表现和课堂活动的目的的教师，才是成功的课堂组织与管理者。另外，教师所拥有的有关课程的计划与课程的教学方面的一般知识，在转换课程的不同部分之间所需的知识，清楚解释和适当呈现教学内容方面的知识等有关课程结构的一般知识，都在深层次上影响课堂教学的组织和管理。

课程方面的知识包括课程发展过程方面的知识、本年级及学校其他年级课程方面的相关知识等。

教学情景方面的知识包括教师工作环境（如学校、学区、国家等）方面的知识，教师对学生本人、学生家庭以及地方社区的认识和了解，与本国相关教育的历史及其哲学文化基础方面的知识等。

有关教师自身的知识是教师实践知识的重要方面之一。教师自身的知识包括教师对自身价值观、风格、个性及优缺点，还有自身教育哲学，以及与教学相关的其他自身特质的认识等。研究显示，有关教学的抽象的或理论性的知识要发挥作用，就需通过教师自己的价值观、教育哲学观念等的过滤。教师关于自身的知识是潜于其他形式的知识学科教学法知识中的，这些知识形成于教师学会教学的过程中,并在教师的个体经验中扎根。我们也就能看出在教师专业社会化中个体经历的重要作用。

有关教师知识方面的研究显示,教师的专业知识不是静态的,而是动态的。只有在教学以及反馈教学的过程中,教师才能形成对教学内容、学习者以及自己的新的认识和理解。因此,继续社会化在教师的专业成长方面发挥着非常重要的作用。

(2)教师的教学态度

教学既是一种技术性工作,更是一种与道德挂钩的工作。就像我们常说的,教学是一种"良心活",这其实就是从伦理层面强调教学的重要价值。教师对待教学的态度体现出教师认同教学价值和规范的程度,是教师专业社会化的又一重要内容,深刻影响着教学质量和效果。

教师忠诚是教师对待教学态度的一个重要指标。事实上,忠诚本身就带有伦理学意义。尼亚斯(Nias, J.)认为教师的忠诚包括三种不同的类型:职业忠诚、专业忠诚和事业延续忠诚。[1]

职业忠诚指的是以关爱、亲近学生并和学生一起活动的情感与愿望为基础的教师对教学的忠诚。职业忠诚在小学教师中存在得比较多。在教学活动中小学教师的行动更多是遵循"关爱法则"。相比于中学教师,更多的小学教师认为自己选择教师行业的目的主要是为了关爱和照顾学生。对大部分小学教师来说,关爱孩子并和孩子们一起活动和成长所获得的开心和满足,是他们教学工作最重要的精神和心理回报。职业忠诚反映出教学的情感和道德特点。它给我们的提醒是改革教育特别是初等教育,一定要明白关爱的重要性,考虑到教师的职业忠诚和关爱法则,否则可能无法满足教师的职业忠诚感,造成被剥夺感的产生,进而造成教师教学动机和效力的下降。忽视关爱的重要性的教育改革,将从根本上威胁或降低教学的情感及道德特征。

专业忠诚指的是以精通科目以及科目的专业知识为基础的教师对教学的忠诚。若说小学教师选择教学行业的主要目的是关爱学生,那么中学教师选择教学行业的主要原因就是致力于教授一门科目。专业忠诚在中学教师中存在较多。精

---

[1] T.胡森,T.N.波斯尔斯威特.教育大百科全书(第2卷)[M].张斌贤,石中英,等译.重庆:西南师范大学出版社,2006:58.

通所教科目专业知识、获得教学工作上的成就是中学教师自我满足的重要来源。作为学院或大学的毕业生，中学教师获得科目身份和专业忠诚是其社会化的途径。

事业延续忠诚指的是教师继续从事教学工作，目的是安全感以及内在的回报。有些进入职业生涯晚期的教师由于已经投入了大量的时间和精力在教学工作中，他们的整个身心都融入教学中，改换工作或许会对他们的自我认同感和满意度构成威胁，所以，他们会在很大程度上认为不得不继续从事教学工作。对处于职业生涯中期到晚期的教师来说，比较容易接受一些温和的、逐步的教育教学改革，而从心理上比较抵制那些剧烈的变革。

尼亚斯对教师忠诚的分类研究相似于马克斯·韦伯的"理想型"研究方法。在实际生活中，每位教师身上同时具有他所说的这三种忠诚形式的某些因素也是可能的，但对许多教师来说，通常还是以这三种形式中的一种为主。

（二）教师压力与职业倦怠

1. 教师职业倦怠及其危害

教师职业倦怠是指由于过大的工作压力造成教师丧失工作热情。教师职业倦怠具体表现有：疲劳感、丧失工作热情、缺乏工作成就感、容易贬低学生以及逃避教学的倾向等。

有些教师由于职业倦怠而试图离开学校，但在别的地方又无法找到合适的工作，因此依然"坚守"着不喜欢的工作岗位。调查显示，在美国几乎3/4想离职的职业倦怠的教师未离开教学岗位；而在放弃了教学的全部教师中，有1/3的人又重新选择了课堂教学工作。[1] 教师职业倦怠会极大地损害个人身心健康、学校组织以及学生发展。就教师而言，从事不喜欢的甚至是讨厌的职业是需要付出代价的，这代价来自身体、情感和心理。那些饱受倦怠感困扰的教师经常会产生逃避上课的念头，甚至会以各种理由旷课。由于他们不喜欢教师工作，在工作中缺乏成就感，因此被迫花费众多时间去寻找新的工作，这就会对他们的生活质量产生影响。并且被倦怠感影响的人极易滥用药品，并出现失眠现象等，严重损害个人健康。

然而，作为学校教学工作对象的学生，仍是教师职业倦怠的最终受损害者。

---

[1] T.胡森，T.N.波斯尔斯威特.教育大百科全书（第2卷）[M].张斌贤，石中英，等译.重庆：西南师范大学出版社，2006：389-393.

对学校而言，希望离开的教师没有离开，想雇用的教师也没有机会进入学校。这些缺乏热情的职业倦怠的教师，更是严重阻碍了教学质量的提高和教学改革的推进。

2. 教师职业倦怠的两种理论假设

心理学家和社会学家均分析和研究了教师职业倦怠的原因与对策，目的是学校组织活力的增强，教学改革的推进，教学质量的提高，以及为师生身心健康发展提供保证。心理学家和社会学家都假设造成教师职业倦怠的原因是与有关于教学角色的过度压力。但两者只是在这一点上的看法一致，在更深地分析和研究教师职业倦怠的原因与对策时，两者的看法在很大程度上都不同，由此形成了有关教师职业倦怠的心理学观点和社会学观点两种理论假设。

（1）从心理学视角看教师职业倦怠

心理学家认可造成教师产生职业倦怠的重要原因是压力过大这一说法，然而他们却提出了一个关键性的问题，那就是在学校和工作压力相同的情况下，有的教师产生了职业倦怠，而有的教师却没有产生职业倦怠。关于相关原因，他们讨论并得出：造成教师职业倦怠的最直接最根本的原因并不是教学压力，而是在于教师的个性心理特征。更容易职业倦怠的人抗压能力与心理容忍力较弱，不能更好地应付工作压力。

教师职业倦怠被心理学家视为一种临床问题，在他们看来，预防教师职业倦怠的有效方法是提前提高个人的抗压能力、心理容忍力以及应对压力的能力。

（2）社会学视野下的教师职业倦怠

社会学也同样承认压力或忧虑是导致教师职业倦怠的重要因素，但在他们看来，社会中的社会结构和学校中的组织结构是压力的根源。根据对教师职业倦怠的原因研究，社会学家提出的关键性问题是不同学校的教师感到工作压力过大，产生职业倦怠的比率不同，有些学校过高，而有些学校很少或根本没有。关于造成这个现象的原因，他们也得出不同于心理学家的结论：造成教师职业倦怠的最直接最根本的原因并不在教师个体自身，而在于教师所处的社会环境，说具体点就是学校的组织环境。所以，社会学家将教师的社会属性、学校环境的组成以及教师培训的特征作为研究教师职业倦怠问题原因的重点。

研究显示：其一，通常情况下，与有几年或更多教学经验的教师相比，没有经验的教师更易产生职业倦怠。随着年龄和经验的增加，有压力感的教师数量逐渐减少。其二，在美国，与少数民族教师相比，多数民族教师更易产生职业倦怠。城市中的白人教师受到种族隔离的程度要比郊区的少数民族教师大是一方面原因。其三，在加拿大和美国，男教师有更多的教学压力，更易产生职业倦怠。社会给予女性的支持更多是一方面原因。其四，规模较小的学校教师压力感和职业倦怠感也相对较小。班级规模大易产生职业倦怠。其五，相比于小学教师和高中教师，初中教师更易产生职业倦怠，但中学男性教师职业倦怠中的职业倦怠感要比小学教师高。其六，教师所期望的校长管理风格与校长的实际管理风格之间的落差造成教师产生职业倦怠。专制和自由放任的管理风格也容易造成教师职业倦怠。

学校结构和组织变化被社会学家视为减少职业倦怠的重要机制。影响教师职业倦怠的组织和社会支持机制的实质是社会学观点强调的重点，他们还建议解决教师职业倦怠问题的方法不是来自个人而是来自组织。他们的逻辑是：学校组织带来压力，而压力导致倦怠，所以预防教师职业倦怠的最根本措施是改善教师所处的组织环境并降低工作压力。以改变校长的管理风格为手段来坚守和克服教师职业倦怠，其效率要远远大于给众多的教师提供心理治疗。

三、学生角色的社会学分析

学生的角色与教师相对应，是学校中的重要角色之一。教师和学生角色能否恰当、良好和充分的互动，极大地影响着学校教育工作的成效。第一步是要了解学生地位、权利等方面，这是认识学生角色的含义、特性、内容的必要前提。

（一）学生的权力与地位

教师这份职业的活动对象就是学生。但以严格的社会学意义来看，教师所从事的教育工作是一种社会活动，由教师和学生共同参与，这两个主体在教育活动过程中地位平等。我国的一些教育学者由此提出了教育上的"双主体说"[①]。虽然部分学者并不认可这种学说，然而从基本层面说来，我们作为教育职业从业者和教育研究者，将学生视为一种特殊的职业"对象"，一种有需要、有情感、有自主

---

① 邢永富.现代教育思想[M].北京：中央广播电视大学出版社，2001：76．

性的人，这是不可避免的。

1. 学生的权利

现代社会法律强调，人与人之间不分民族、性别、年龄、信仰、地域、身份和社会背景等，一律平等。联合国大会于1989年11月20日通过的《儿童权利公约》中也再次申明，和其他社会成员一样，儿童青少年享有完全平等的各种社会权利。我国的青少年权益保护法规，也用明文条例规定了要保护青少年儿童的合法权利。作为教育的对象，学生的权利也应享受到充分的尊重和保护。所以，分析和明确学生在教育过程中的权利和地位，就显得尤为重要。

（1）生存的权利

生存权指的是在一定社会关系中和在一定历史条件下，人们应当享有的维持正常生活所必需的基本条件的权利，是一项基本人权。生存权包括在生理意义上个人生命得以延续的权利，在社会意义上个体或者群体的生存获得保障的权利，以及人们的生命安全和基本自由不受侵犯、人格尊严不受凌辱、人们赖以生存的财产不受非法侵占、人们的基本生活水平和健康水平得到社会必要保障和不断提高的权利。在人的其他权利中，生存权扮演着基础和前提的角色。

对于人的生存权，现代国家通常都有着明确、严格的法律规定。我国《宪法》第四十九条规定："父母有抚养教育未成年子女的义务。"并在婚姻法中再次明确，即使父母的婚姻关系发生变化，父母对未成年子女的抚养义务不能改变。

在我国制定的《中华人民共和国未成年人保护法》专门性法律中第十条，更是具体规定："父母或者其他监护人应当创造良好、和睦的家庭环境，依法履行对未成年人的监护职责和抚养义务。禁止对未成年人实施家庭暴力，禁止虐待、遗弃未成年人，禁止溺婴和其他残害婴儿的行为，不得歧视女性未成年人或者有残疾的未成年人。"换句话说就是，抚养子女长大成人，维护他们的生存权利，是法定的父母和合法监护人的职责和义务。拒绝抚养子女，将会受到法律的严惩。国家的民法和刑法处罚方式，为儿童青少年实现生存的权利提供了保障。

（2）受教育的权利

个体发展为现代社会合格公民和参与社会的基本条件，就是接受一定程度和水平的教育。由此，在现代社会中，受教育权也成了公民的基本权利和主要权利。

我国《宪法》第四十六条规定："国家培养青年、少年、儿童在品德、智力、体质等方面全面发展。"这是国家根本大法明确体现出的国家对儿童青少年进行教育的责任。

《中华人民共和国教育法》是具备教育基本法性质的法律，其中第九条明确规定："中华人民共和国公民有受教育的权利和义务。公民不分民族、种族、性别、职业、财产状况、宗教信仰等，依法享有平等的受教育机会。"

《中华人民共和国义务教育法》第五条显示："各级人民政府及其有关部门应当履行本法规定的各项职责，保障适龄儿童、少年接受义务教育的权利。适龄儿童、少年的父母或者其他法定监护人应当依法保证其按时入学接受并完成义务教育。依法实施义务教育的学校应当按照规定标准完成教育教学任务，保证教育教学质量。社会组织和个人应当为适龄儿童、少年接受义务教育创造良好的环境。"

如此的法律条文还很多，其共同反映的是，对儿童、少年接受教育的权利，国家、社会、学校和家庭，任何个体和社会机构，都不能以任何理由和方式剥夺，相反，必须提供必要的条件和便利鼓励其接受教育，也不能以任何理由、方式，对任何儿童青少年进行教育上的歧视。

（3）受尊重的权利

作为人的另一种基本权利，人格权是以人格利益为内容、民事主体必备的，获得法律认可和保护的民事权利。人格生命权、健康权、自由权和平等权、尊严权、人身自由权、肖像权、隐私权、姓名权、名誉权、荣誉权等都属于人格权范围。

我国《未成年人保护法》第二十一条规定："学校、幼儿园、托儿所的教职员工应当尊重未成年人的人格尊严，不得对未成年人实施体罚、变相体罚或者其他侮辱人格尊严的行为。"

其他条款中也具体规定："任何组织或者个人不得披露未成年人的个人隐私"；"对未成年人的信件、日记、电子邮件，任何组织或者个人不得隐匿、毁弃；除因追查犯罪的需要，由公安机关或者人民检察院依法进行检查，或者对无行为能力的未成年人的信件、日记、电子邮件由其父母或者其他监护人代为开拆、查阅外，任何组织或者个人不得开拆、查阅"；"国家依法保护未成年人的智力成果和荣誉权不受侵犯。"

在学校教育中，教师和学生享有平等的人格。教育者不能以任何理由和方式，侵犯学生的人格权利。保护学生的人格尊严，维护学生的自尊心，不仅是教育者的法定义务，也为开展教育的必要心理打下了基础。

（4）安全的权利

安全权是指公民享有人身、财产、精神等方面不受侵犯、威胁、胁迫、欺诈、勒索的权利。

我国《未成年人保护法》第二十二条规定："学校、幼儿园、托儿所不得在危及未成年人人身安全、健康的校舍和其他设施、场所中进行教育教学活动。"

第三十四条规定："禁止任何组织、个人制作或者向未成年人出售、出租或者以其他方式传播淫秽、暴力、凶杀、恐怖、赌博等毒害未成年人的图书、报刊、音像制品、电子出版物以及网络信息等。"

第三十七条规定："任何人不得在中小学校、幼儿园、托儿所的教室、寝室、活动室和其他未成年人集中活动的室内吸烟、饮酒。"

维持并保护学校秩序，保障师生安全，是相关国家机关和教育机构的法定职责。我国教育部、公安部等部门，还对学校和学生安全，以部门规章的方式，加深要求，严格且明确地规定了破坏各级各类学校教学工作秩序、危害师生安全问题的后果。

上述关于儿童权利的相关规定，说明包括家长和教师在内的任何人，不能以任何缘由（即使是为了保障儿童长远利益也不行）采取任何方式（如体罚和各种形式的变相体罚）侵犯和不公正、不平等地对待儿童。总的来说，教师和学生之间，在法律上是完全平等的主体关系。

2. 学生在学校教育中的地位

以社会学的角度来看，教育是一种社会公共事业。学校作为制度化的专门机构，以及教师作为教育工作的专业工作者，要根据家庭和社会的托付，以社会公共利益和学生个体发展为出发点，以课程、课堂教学等为途径，有目的、有计划地影响并培养年轻一代，从而促进他们身心发展，使其成为具备特定规格要求的社会成员。

由社会、家庭与学校、教师的关系可看出，其实他们彼此之间有一种委托和被委托的关系。具体来说就是，社会（家长通过承担税负）以政府（国家）为渠道，对学校投入一定的人力、物力，并将相应的制度与法律授权于学校，目的是获得相应的服务回报，即按照他们的期望，学校和教师要通过教育培养，使年轻一代发展为具备某种知识、品格、能力的人。在这个过程中，学校和教师也能得到自己相应的回报，也就是社会的承认、尊重和薪资报酬。

学生是教育活动的直接相关人，衡量学校及其教育工作状态与水平的主要标准，就是学生是否满意自己所接受的教育。学生的特点与需求，是进行教育的必要与充分条件。也就是说，在教育过程中，学生及其身心发展，是开展教育活动的出发点和核心。学生可以对学校工作及教师的教学工作进行发言和评价。始终将追求学生的利益、需要和愉悦满意，当作工作的原则与标准，才是理想的学校和教育。我们总是说，要办党、政府和人民满意的教育，那么学校和教师就必须要办学生接受、认同和满意的教育，这个是关键。

（1）学生是教育发生的逻辑起点

教育学教科书曾将教育的概念概括为："根据一定阶级和社会的要求，教育者对年青一代（受教育者）所进行的有目的、有计划、有组织的培养活动。"制定课程标准和编写教材的人，从事工作的时候以自己（对社会、青少年及其关系）的理解和想象为出发点。这好比经营餐馆的人，在加工食物时，从来不考虑顾客的口味和感受，是以自己的科学营养观和自以为适当的口味为标准。可能从营养学来说，餐馆经营者这样做没什么问题。然而顾客的口味才是重要的，若餐馆的饭菜忽略了这一点，做出的食物味道顾客不满意，他们就会不想吃，不愿吃，或者吃下不消化，如此一来，这样的餐馆只会面临倒闭的结果。学校的教育教学也是如此，其所提供的教育至少是学生认同和欢迎的。若学校及其教育不为学生所认可和欢迎，甚至是使学生感到厌恶和恐惧，在一定程度上是浪费了社会的资源。

（2）学生是学校教育工作的能动合作者

我们知道，事物内因的存在，是调动外因发挥作用的关键。教育培养学生主要是以对学生施加影响的方式。无论怎样，就学生而言，其身心发展的外因还是教育教学，在其与学生的内在动机、兴趣和需要以及他们自身的经验过程与内部的心理变化相结合之后，知识才会真正变成学生的智慧与能力，使社会所要求的学生的思想道德成为学生的真实个体品格。所以说，若学生不主动参与和合作，再"好"的教育，也是名不符其实的。

（3）学生是学校教育的最终评价者

对好的学校、优质的教育、高水平的教师的界定，我们可以从现行的教育学体系分解出很多自成逻辑和体系的方面来分析，然而对此三项的界定的最终和最重要标准，也就是教育的最终标准，关键还是在学生身上，根据学生身心发展所产生的预期的积极变化，所取得的收获来判定。即界定学校教育质量优劣、水平高低的最终判断标准和依据，就是学生发展的程度。所以说，在学校教育诞生、发展和产生结果的过程中，学生一直是其关键和核心。

（二）学生角色概述

在教育中，学生作为权利人，同时兼具着发展身心、学习知识、传承人类文明、承载社会与家庭未来希望、与学校教育中教师工作相配合的责任。认识和掌握学生这种角色的特性和行为规范模式，尤为重要。

1. 学生角色的含义

由学校教育看来，学生的角色，一般存在以下几种：

（1）具有潜在空间的身心发展者

就像前面所说的，面对社会角色分化，学生出现的原因，是在社会、家长等看来，在年龄等众多原因影响下，年轻一代还不具有一个成熟社会成员该有的知识、品质、经验和能力；也可以说在如品德、知识、能力等身心发展的各方面，还没有达到应该达到的状态与水平，仍具有改善与提高的需要和空间。中国古代的"待教而善"，大致就是这个意思。教育的价值就在于"教"而"善"之。

（2）社会、家庭未来期望的承载者

社会和家庭了解到年轻一代有内在的身心发展空间和必须进行"待教而善"，然而这并非年轻人变成学生的唯一和充分条件。从社会心理学来看，只有将人们察觉到的可能性和现实条件相结合，才能产生真正的期望。具体来说就是，只有社会和家庭了解到年轻一代的身心发展存在内在的空间，这种空间是社会及其自身未来发展的关键，只有形成期望时，他们才会同意孩子进入学校，将孩子变成学校中的学生。所以，学生在被送进学校时，就肩负着社会、家庭所给予的未来的期望。这也就是人们总说的"望子成龙"和"望女成凤"。

（3）专门的学习者

最初是社会分工导致了学校的出现、教师和学生角色的形成。从社会学看来，无论是什么形式的社会分工，在某种程度上都代表着专门化和专业化的加剧。与学校独立于其他社会机构相对应，教师分化于其他知识工作者群体，被称作"学生"的儿童青少年则有了来自外界得更为明确、清晰和具体的职责：在被称作"学校"的专门机构中，由被称作"教师"的专业人员指导，将人类已有知识和经验作为内容和对象，接受专门化的学习，成为专门的学习者。

（4）学校秩序的遵守者

社会、家庭将学生委托给学校，学校接受委托教育学生，在这个过程中，我们隐约可见一种默契与共识存在于社会、家庭和学校之间，也就是学校这种实现年轻一代身心发展的专业形式，是必要的和可行的。也可以说，这表示着对学校和教师应该且必须用自己独特而无法取代的方式、方法，要求和教育学生，是家庭与社会认同、接受甚至是喜闻乐见的。换句话说，家庭和社会同意、支持甚至授权学校，以自己的职责标准、规范和方法，组织、管理、约束和影响学生，从而维护学校的秩序、确保教育的有效性。所以说，学生角色就代表着，他们必须以学校的专业规范为标准，遵循学校的纪律和规定，成为学校职责秩序的遵守者。如《高等学校学生守则》等各级各类学校制定的学生守则或学生规范。

2. 学生的角色认同

社会心理学层面的角色认同，指的是个体以自己的角色身份为基础，形成角色扮演（行为）的自觉态度与行为方式的过程。学生的角色认同，就是指学生根据已确认的专门学习者的角色身份，形成参与学校教育活动的自觉态度以及与之相适应的行为方式的过程。

（1）学习者身份的初步形成

当孩子从幼儿园升入小学一年级时，"（小）学生"就是他获得自出生之后的第一个正式身份。我们应该都听到过小学一年级学生向幼儿园孩子炫耀自己的学校、班级、老师等，并像一个长辈一样告诉对方要听话、不准哭闹等，事实上，这便是小学生对自我身份的确认。小学生在意识里已认为与幼儿园的孩子不同，他们会自认为"长大了"；有了自己的"工作"，即上学，在他看来，这份工作的重要性与父母的工作相同；他们逐渐看重别人（家长、老师和其他人）对自己（特别是关系到读书的聪明或者愚笨等）的评价、是否认可自己的学习成绩，以及与自己的学校相关的事，甚至当父母耽误了自己的"正事"（上学）时，还可能会不高兴乃至生气、愤怒等。出现这种状况的原因在于，就小学生而言，"（小）学生"是他们除家庭之外所取得的首个正式的社会身份。

在最开始,几乎全部的小学生均以向往、激动、好奇和自豪的心情进入自己的学校生活。然而渐渐地,若他们发现学校生活无趣、枯燥,感受不到快乐、满足和成就感,也就是与他们最初想象中的校园生活不一样,他们就会慢慢产生厌倦情绪。若在学校中,也许是学习压力过大而使他们感到疲惫,也可能是学习成绩差所带来的失败感,他们就会试图回避、厌倦、否认甚至逃离自身的学生身份,具体表现有:讨厌学校与学校生活、讨厌别人询问自己学习的状况、厌学甚至逃学等。

(2)学校成员身份的确认

小学生向其他小学生炫耀自己的学校、班级、老师、校长和同学等,这些都说明他们逐渐将自己与组织(学校、班级)和组织的其他成员(老师、同学、校长)联系起来,认识到了自己在(学校)机构中的成员身份。而且,小学生也逐渐关心自己在组织(班级)中的地位与重要性(小学生总是会自豪自己的班干部身份),留意组织中其他成员,特别是重视具有权威和影响力的成员对自己的评价,如自己在老师眼中是否属于好学生,其他同学是否欢迎自己等,关心在各种活动中,自己和自己所在的学校、班级是否获得了认可、荣誉等。由此,我们也就能理解,在孩子们看到自己的学校、老师、同学等出现在电视、报纸等媒介上时,那自豪和激动的心情。

学生在(学校、班级)组织中的经历和处境,直接且明显地影响着其作为组织成员的意识和态度。若在学校中学习生活顺利、处境良好,他们就会自豪于自己的组织成员身份,并能积极地参与组织活动、遵守组织的规则;但若处境艰难,如学业成绩低下、经历多舛、不受重视甚至遭排挤、歧视和欺侮,他们就会反感、忤逆和疏离组织及其他组织成员,甚至故意违反组织活动规则,以此来提出抗议、发泄压力或者希望引起关注。我们时常看到的那些"后进生""待优生"的恶作剧,反抗老师和学校管理,"拉帮结派",以及学生拒绝提起自己的学校等现象,就是比较有代表性的例子,体现出这些学生在学校的不良处境和压力。

(3)自主者的发展

自主者,指的是具有自我主体意识和行为能力的人。学生的自主意识有主体观念、独立意识、自我认识、控制与管理等方面。

法国著名启蒙思想家、教育家卢梭认为,每个人都具有追求自我独立性、自我价值、自由和个性的天性与权利。年龄的增长，知识和经验的丰富，使学生的认知分化水平持续提高。学生会区分开"我"与其他事和人，开始意识到"我"是独立的、无法被替代的，这便是其中一个非常重要的表现。由于这种心理的影响，学生会产生并持续强化这样一种"主体"意识：我要做自己的主人，做事以自己的意愿和需要为主，别人不能支配和左右"我"，向往和追求自己的生活空间与专属风格，关注自我存在的意义和价值，比较典型的例子就是在成年人交流时，七八岁的孩子会从旁插话，这种行为便带有这种意义。

学生自主意识的发展过程：跟从与模仿——困惑与怀疑——自我觉醒——批判与逆反——自我控制与管理——自我整合。跟从与模仿，简单来说，就是个体以他人为标准效仿，而不是原封不动复制他人，从而实现被接纳和获得归属感、安全感的过程；困惑与怀疑，指的是个体不断提高对自我和他人认识分化的水平，由于效仿他人而生出的持续肯定否定的心理冲突过程；自我觉醒，指的是个体独立性、差异性初步形成的阶段；批判与逆反，是个体为了凸显自我而采取有意识地反向或歧向的心理和行为方式的过程；自我控制与管理，指个体为了达到自我独立而对自我心理与行为自觉地进行调控的过程；自我整合，指的是个体将自我心理与行为冲突解决之后，实现个性化发展和自我价值的过程。

学生自主意识的发展，是与年龄的增长、组织成员身份的确认和发展相同步，具有一定程度上的反向社会化性质与特点。换句话来说，学生自主发展，与教育中的个体一定程度普遍社会化之间，会产生矛盾和冲突。

（三）学生的角色冲突

学生的角色冲突，是指学生在接受教育和发展身心的过程中，逐步形成的角色心理与其行为之间所发生的不和、迷茫和矛盾的现象。

1.学生角色冲突的内容

虽然在逻辑上，学生是教育的起点和归宿，学生身心的发展始终是学校教育的核心问题，然而根据教育与社会的关系，从某方面来说，学生却也是社会和学校中间的"第三者"。社会和家庭以自己对青少年的期望为出发点向学校、教师提出要求，而学校和教师则以自己的理解和工作逻辑（专业原理与程序）为出发点教育学生。这与传统婚姻习俗有某些相似之处，奉行父母之命，媒妁之言，而婚姻当事人只能听从安排，没有自己的选择权，甚至不能反抗。对于介于二者之间的孩子，学生这个角色是"被赋予"的，从而使学生角色在学校教育中出现了一系列的悖论与问题。

（1）"我"是"谁"的问题

就像前面说的，从家庭、社会和学校方面看来，学校发生教育有一个假设的前提：年轻一代由于身心发展存在着一些不够理想、不够完善的地方，需要进行制度化和系统化的学校教育对其改变、改善和提升，因此将学生送进学校接受教育。然而单从某个个体而言，"我"是现实的、完整的和自成逻辑的存在，这是"我"合理性与合法性存在的基础。但当孩子成为学生时，就代表着他在一定程度上被认定是"需要改变的对象"，与原本自我意识的"我"之间有了落差，从而使其陷入"我"是"谁"的迷茫中，并由此而衍生出一系列"我为什么要被改变？""我真的需要改变吗？""我要怎么改变？"等问题。

（2）"我"与"我"的问题

除了上述所说的学生是自我逻辑完整的个体，事实上其也是一个兼具个性和独立性的个体。由于学校前的家庭经验和社会生活，每一个学生无法被替代的自我、自我意识和习惯已初步形成。从某方面来说，学校教育其实就是教育学生反思与重构这种自我、自我意识和习惯。由此便会造成学生关于现实存在的"我"和要成为未来的、理想的"我"之间的冲突。"学校教育中学生的自我确认——教育影响后的自我怀疑——自我的矛盾与冲突——新自我的形成——新自我确认——新自我的怀疑"发展过程的循环，便是这种冲突的显著体现。

（3）"我"与"学生"的问题

学校是一种正式的社会制度化机构，任何形式的学校都会有一定的秩序和规制要求，这就在一定程度和形式上限制了机构成员的自由。简单点说就是，不管什么学校都存在制度与规范，学校包括管理者、教师和学生的任何成员在内，都必须遵守相应的制度与规范。从哲学和心理学的角度来看，任何个体都有追求自由和不受约束的天性。所以，"我"的青少年身份与学生角色之间，势必会在某种形式上产生冲突，从而造成"我"与"学生"的冲突。

教师作为学校工作者，将学生作为教育、管理的直接对象以及对学生教育的影响，是导致学生自我冲突的直接原因。因此，学校中的教师与学生之间，在一定程度上是两种具有内在矛盾和冲突性的社会角色。也就是说，学校教育中师生角色之间的冲突是在所难免的，因为二者之间存在本质的差异。

2. 学生角色冲突的心理表现

学生时期是人一生中发展速度和变化速度最快，矛盾和冲突最多，最不具有确定性的时期，因此总会产生众多问题和冲突。

（1）独立性与依赖性的冲突

心理发展的重要方面就是个体的独立意识和独立性的发展。孩子在幼儿时期就逐渐形成一些自我和独立倾向与意识。如3~5岁的幼儿，其自我空间意识就十分鲜明，比较反感别人未经许可进入自己的房间或动用自己的物品。他们也很关心别人对自己的态度和评价，当成年人夸赞自己时，常常会很兴奋，并积极地参与活动。随后的儿童期，特别是少年期，由于身体外形等生理的发展，孩子的"成人感"迅速增加，内心体验逐渐发展得丰富而深刻。由此影响青少年逐渐希望能打破成人对他们的束缚与限制，实现"自我独立"，希望得到成年人的尊重，拥有不受父母、教师管制的自由，能自己安排自己的生活和学习。如小学生非常愿意自己和同伴组织各种活动，不愿意父母插手太多，因为他们认为自己已经长大了。

尽管进入大学后，大学生在很多方面都已发生改变，至少也都不再是未成年，在很多事情上，自己的主观意识要更强烈一些，然而实际上，在心理发展水平的影响下，再加上大学不同于之前的小学和中学，掺杂着社会因素，因此大学生在遇到某些复杂的问题时，仍会不知所措、无所适从，内心深处并不能完全摆脱对父母及其他成人的依赖，还是会希望有人能给自己支持、帮助自己解决问题；尤其是在经济、生活、情感等方面，仍不能自治与自立，在很大程度上依赖着父母和老师。

独立性与依赖性的冲突，会引发一些这样的现象：学生在遇到问题时会向父母或其他人诉说，希望能够得到理解、指教和帮助。但当别人向他们提供帮助和指导意见时，他们又会因为"自己要独立"的意识而表现出不满和不耐烦。所以，现在的大学生更多愿意从同龄人中寻找"知音"，他们觉得同龄人容易沟通、志趣相同。

（2）理想性与现实性的冲突

儿童和少年期，尽管经验不足，但是挫折较少，是人一生中思维、思想局限最小的时期。这时候的学生，思想单纯，思路活跃，富有幻想和对美好未来的向往。直到进入大学校园，尽管还有三或四年的学习时间，但是对一个人的一生来说，这是学习生涯的最后时期，也就意味着是能享受轻松的最后时光。然而在儿童和少年期形成的美好幻想和对未来的憧憬依然留在心中，学校就像是一个避风港，将一切能打破幻想的因素隔绝。

然而，素有"半个社会"之称的大学，难免会遇到"意外"。举例来说，经济上，很多学生不再觉得从父母那里获得经济支持是理所当然的，现实情况是钱很重要，但来之不易，于是部分学生着手利用空闲时间做兼职来赚取生活费。其实最能体现理想性与现实性的冲突的是自身身份由学生变为社会成员。大多数学生都低估了寻找工作的艰难程度，再加上自身的眼高手低，找工作更是困难重重。毕业生在社会上连连碰壁，逐渐消磨了志气和信心，最初的理想也被现实打败，甚至有些接受过高等教育的人选择从事不需要教育基础的工作。

（3）闭锁性与开放性的冲突

即使是已经成年，大学生仍旧是情感丰富，自尊敏感的群体，他们通常不会轻易告诉别人自己的秘密，对他人，特别是对不是同龄人具有很强的戒备心理。若家长和老师未能与学生及时、充分地沟通，或者缺乏良好的沟通技巧，就很容易使他们把自己的内心封闭。心理的闭锁性，会加大他们与父母、老师及其他人之间的心理距离，造成交流的鸿沟。

人都需要在交往、交流中获得情感的满足和自我的发展，大学生更是如此。但如果沟通受阻，大学生内心闭锁，就会油然而生一种强烈的内在孤独感而无处排泄，长此以往，就会积累负面情绪。而如今互联网快速发展，在这种心理能量和压力的积累下，他们常常"只能"选择在同伴群体或如网络的虚拟世界中，寻找宣泄方式，由此出现拉帮结派、沉迷于网络聊天、网恋或虚幻想象等现象。

（4）情感与理智的冲突

大学生虽已不像青少年时期那样幼稚莽撞，但因为还未踏足社会，因此仍旧拥有典型的情感丰富特征，对未知充满好奇且自制力较差。与社会人相比，他们是比较纯粹的感情主义者，通常都是"跟着感觉走"，对理智缺乏控制力，结果是常常处理不好情感与理智之间的关系。在自我状态、暗示、情景等暂时性外界因素的诱惑和影响下，容易头脑发热，不顾后果。举个典型的例子，大学生都比较重"义气""够朋友"，当他们遇到事情时，无法冷静思考，尤其是有他人从旁蛊惑时，冲动之下就可能做出错事，甚至是在他们自己看来也"不可思议"的事。这样"情绪性"和"场景性"的事件与问题比比皆是，其实讲情义无可厚非，但是应建立在理智的基础上，大学生已不是孩童，应该学会控制自己的情绪，理智面对所有问题。

（5）顺从与反抗的冲突

社会心理学将顺从称为依从行为，包括顺应和服从，是指个体在群体和他人的示范、暗示和压力等影响下表现出来的自觉或不自觉，使自己符合外部与他人期望与要求的心理倾向与行为。反抗，包括反抗和拒绝，是指个体针对不符合自己期望，或使自己感到压力、限制或（自由）被剥夺时所形成的抗拒心理或拒绝行为。

顺从包括主动顺从和被动顺从。主动顺从是个体基于自觉的心理倾向，如我们常说的"心服而后行"就属此类；被动顺从则是由于某种外界压力而做出的被动行为，如常说的"情非得已"和"不得已而为之"。反抗则包括心理阻抗，如"心不服"，和表面行为对抗，如"心服口不服"。顺从是个体社会适应和社会发展的重要方式与过程，并且，顺从也能使个体被认可、接受和赞赏，从而拥有心理上的归属感和安全感。然而顺从也总是在一定程度需要个体付出代价，即对自我的约束甚至自我否定。反抗则是个体确认自我意识和自我独立性的体现，其主要是在好奇心和心理需要的驱使下出现的。大学生的自我意识基本已定型，他们需要在与长辈的交往中得到确认，但长辈却对此不理解，或者理解后，也仍是按照自己的意愿约束他们，这样就很容易造成他们的逆反心理与行为。大学生正处于血气方刚时期，对于越是得不到、不能接触、不让知道的事物，就越想得到、接触和指导，从而导致他们的顺应与反抗的并存与冲突。

（四）学生角色发展的常见问题

在学生角色的发展中，学生的心理矛盾和冲突，总是会引发一些比较典型和具有代表性的问题。

1. 校园欺侮问题

校园欺侮，是指在学校中，少数学生由于学龄、身体等占据相对优势，常常且故意侵犯其他同学的心理或身体，通过让对方恐惧、畏惧来获得自我满足的挑衅性行为。一般根据行为方式，我们可以把校园欺侮行为分为肢体性欺侮、语言性欺侮等多种形态。

引起校园欺侮行为的原因很多。一是学校教育方面。学校中学习和课业负担比较重，家长、教师的期望值过高，再加上学校的竞争激烈，某些学生难以跟上教师教学的速度和难度，经常遇到学习困难、落后和不利现象，教师、同学也可能因此而歧视他们，他们经常选择的发泄压力方式就是校园欺侮行为，以此获取心理补偿。二是家庭方面。不良的家庭文化和家庭生活方式，是引发校园欺侮行为的重要原因。存在校园欺侮倾向和行为的学生，大多是出生于权威型、溺爱型或放纵型家庭。来自权威型家庭的学生，一般权力与控制欲比较强；生活在溺爱型或放纵型家庭的学生，在社会生活中经常无所顾忌、我行我素，在日常学习生活中试图成为"核心"，以此来对他人施压。三是社会文化方面。实际社会生活中的暴力行为，再加上电视、电影等新媒体演示的暴力性作品，一定程度上会引发学生的崇拜和效仿心理。学生正处于偶像崇拜期，甚至个别学生会欣赏那些暴力方式，并积极模仿，进而造成校园欺侮行为。

校园欺侮行为给那些被欺侮学生造成了严重的心理伤害，使其缺乏安全感甚至感到恐惧，用偏差的眼光去看待人际关系和整个社会（如认为社会是弱肉强食），甚至采取不正确或更严重的偏执方式自我保护和报复他人等。另外，也会给进行欺侮行为的人带来严重的后果，不利于他们正确社会观和人生观的形成，甚至会因此走向犯罪。所以，预防和治理校园欺侮行为，是学校、教师和家长必须重视的教育问题。

2. 学生团伙问题

学生团伙，是指在学校或者班级中，部分学生出于某些共同或类似的志趣、处境、地缘等所组成的、进行某些共同活动的非正式集团或群体。学生团伙在组成成员、内容上类似于学校和班级中的学生正式组织，如团队、班级、小组等。然而，二者又存在根本区别：正式组织的出现，是因为群体成员之间有明确、清晰的共同目标，而团伙的出现并非如此，它的基础在于成员之间某些共同的特征和利益；正式组织是遵循一定程序而形成的规则、规范群体，而团伙的形成没有一定的程序和相应的规制；虽然二者均有分工和领导者，但正式组织的领导者是通过民主选择或任命产生，而团伙的领导者大多是自然产生的。最关键的是，正式组织的共同活动有一定的制度规范，而团伙的活动不受制度规范的约束。

学校中那些学业困难和其他方面处境不利的学生个体，是团伙的主要成员。

他们参与某一团伙的目的不一，或是为了引起别人对自己存在的关注，或是寻求庇护，或是营造归属感，或是表达和发泄自己对处境的不满等。除了可能会影响正式组织的功能作用外，学生团伙本身并不一定能造成非常严重的教育问题。假如教师教育得当，或许还能在促使其转化的过程中，发挥配合教师工作的作用，这是正式组织所不具有的。

有些学生团伙可能进行违纪甚至违法的行为。学生本身的是非认知能力还有待提高，不良社会因素从旁影响，使学生团伙很容易恶化为违法犯罪群体。所以，关注、教育和引导、转化学校中学生团伙，这是非常重要的。

（五）学生的角色教育

在学校教育中，学校和教师工作的重要方面应是对学生展开角色教育，培养学生的角色意识，教会学生处理角色问题的方法，提高学生的角色扮演能力。

1. 强化学生的角色意识

学生的角色意识，是指学生认识和看待"我是谁""我有什么责任"和"我应该做什么"等方面的问题。广大教师应在激发学生的角色意识，培养学生的角色态度，养成学生的角色能力和行为习惯这个过程中，切实担负起相应的教育职责。构建特定的情境，学生通过担当或扮演的角色，体验真实的社会、家庭生活情境，培养对社会、家庭、学校、班级等组织和对父母、同学、教师等相关社会主体的责任心，养成能够自立、自律、自治和自强的行为习惯。

值得注意的是，由于现代社会的多元发展和独生子女比重的提高，责任感的培养在学生的角色意识培养中的意义越来越重要。教育者应尽力教育学生换位思考，从父母、社会他人等角度，学会理解、看待自己和社会现象，在课堂教学和其他教育活动中努力扮演好（懂事的）孩子、（勤奋的）学生、（善意的）伙伴等多种社会角色。

2. 变换学生的角色扮演

只有一个社会角色不仅会使人感到疲劳，长此以往，也容易使角色定型，使学生逐渐依赖上该角色，不利于学生心理健康发展和产生社会适应性。枯燥的、连续的学校学习和不变的生活节奏与方式的长久接触，很容易引发各种问题。教育者可以采取多种途径，使学生的角色不断变换，不仅能丰富学校生活，还能培养学生的角色能力。另外，教师在轮换班干部、志愿者、家务体验等多种方法丰富学生生活的同时，引导学生参与多样化角色活动，培养和提高其角色意识和能力。举例来说：在一个班级中，若某些学生长时间担任班干部的角色，他们就可能会认为当班干部是理所当然的，产生对他人的支配感，从而在潜移默化间帮助其自以为是的心态增长；与此对应，另外一部分始终未担任班干部的学生角色，可能会由于长期"被管理"，而极易滋生被动、服从心理，甚至消极情绪，无论做什么都是漠然、敷衍的态度，最终使学习和活动的积极性大大打折。

所以，在班级工作中，班主任可通过班干部顺次轮换或全班竞选等多种模式，定期改变担任班委的成员，让更多的同学有机会担任班级干部，这样，不管哪一个学生都能得到应有的培养和锻炼。

3. 引导学生进行适当角色的竞争

虽然并未将班级的不同角色按高低划分，然而在具体实践中，还是会在不同原因的影响下，学生会有不同的对待。学生总是侧重某些班级角色，相应地忽视另一些班级角色。所以，分配这些班级角色就变成了学生最为关注的事情。

班级中有很多角色，如班委、课代表、活动负责人、小组长。利用好这些角色尤为重要。让每一个学生都能在班级中担任合理的角色，而并不是平均分配角色。教师应在角色分担中适当地加入竞争机制，对那些大家比较普遍认同、看好的班级角色，让同学们以竞争的方式，通过自己的努力，争取这一角色，从而培养学生的竞争意识和公平意识。付出艰辛的努力才获得的角色，学生会更加珍惜，从而会更好地履行角色职能。另外，教师还要努力开发一些充满乐趣的、有效的新型角色，给学生的健康成长提供更大更好的发展空间。

第三节 教育问题的社会学分析与调节

一、学习化社会中的终身教育问题

（一）学习化社会

1. 学习化社会的概念

学习化社会（learning society）是一个新型的社会发展模式的概念，学习化社会也是在终身教育、终身学习思想的影响下形成的一种教育理念。20 世纪 70 年代初，联合国教科文组织就提出了"向学习化社会前进"的目标，美国、日本等发达国家的政府在 80 年代就纷纷做出了由"学历社会"向"学习化社会"过渡的战略决策。作为一个新型的社会发展模式，教育社会化和社会学习化是学习化社会的重要特征，学习化社会标志着人类文明与进步已进入一个崭新历史阶段。随着学习化社会概念的出现，各国都在促成终身教育制度的建立，希望通过建立终身教育制度，从而推动学习化社会的建立和发展。

2. 学习化社会的特征

学习化社会是一个人类文明与进步的崭新的社会发展模式，同时，作为一种新的教育理念，与终身教育、终身学习有着共同的目标和意义，从学习化社会的理念可以勾画出学习化社会的一些基本特征：

（1）学习化社会是由一个个终身学习的个体所构成的社会。国家向公民提供终身教育的各种机会和资源，使愿意学习和接受教育的人在时间、空间上均有机会可供利用，人人都在为更好适应社会而进行终身的学习，由一个个的终身学习的个体结合成为学习型组织，一系列的学习型组织构成了学习化社会。

（2）学习化社会是一个围绕学习者为中心的教育社会。学习是每个人的基本权利，学习者的主体性在社会中得到充分的尊重，国家建立终身教育体系，并把学习者放在教育的中心位置来设计教育目标、内容、方式和方法，改变了传统的以教育者为中心和受教育者被动接受的教育模式。

（3）学习化社会是一个对全体成员的学习无障碍的理想化社会。所有学习机会应公平地向所有有能力、有需要的人开放，社会的教育制度支持和帮助每个人实现其学习愿望，消除在入学资格、学习空间和时间、教学形式和考试评价等方面的限制和障碍，每个人都能根据自己的特点和实际情况，规划自己的发展方向、制定学习计划、确定学习目标和选择合适的学习方法进行学习，学习成为人们的一种生存需要。

（4）学习化社会是一个学习具有开放性和网络化的社会。开放性体现在教育时间、教育机构、教育场所、教育资源等方面的开放，学习者可以在任何时间和空间进行自由开放性的学习。网络化是学习化社会在方法、手段和技术上的特征，学习网络把人们与全社会的信息资源联系在一起，将教育和学习变成跨越时间、空间和国界的事情，人们可以依据各自的需求，自主地选择学习时间、地点、内容和方式，自主地安排学习时间和学习进度。

（5）学习化社会是一个合理平等的社会。学习是一种基本的人权，而不是少数人的特权，在学习化社会中主张所有学习机会应公平地向所有有能力、有需要的人开放，教育和学习机会均等是各级各类教育活动的基本原则，学习化社会既是一种公平教育理想，又是一种合理的社会理想。

（二）终身教育

1. 终身教育的理念

人类的终身教育活动具有悠久的历史，终身教育的思想也可追溯到人类社会历史的源头，但作为现代社会中起作用的终身教育的概念却是20世纪才开始提出，并正在逐渐成为被人们重视的教育理念。"终身教育"（Lifelong Education）一词是英国成人教育学者耶克斯利（D.Yaksly）在他1929年出版的《终身教育》一书中最早提出的。[①]1965年联合国教科文组织在巴黎召开第三届国际成人教育促进会上，法国的保罗·朗格郎（Paul Lengrand）在他所提交的报告中，正式提出终身教育的设想，并对终身教育的原理做了系统的说明。国际成人教育委员会肯定了这一提法，并请联合国教科文组织予以支持。此后，终身教育的思想便逐渐成为联合国及世界各国指导教育改革与发展的基本理念。

终身教育是一个人从出生起一直到生命终结时不间断地学习和发展的历程，也是教育各发展阶段之间的有机联系，是由社会的正规、非正规和非正式各教育形态之间的整合的一种完整体系。从内涵角度看终身教育并非单一或纯粹的教育形态，包容了所有现存的教育形态在内的教育过程。从外延角度看，终身教育是贯穿人生始终的一种教育形态，具有时间和空间的延展性。教育时间空间的延展性和教育形态的多样完整性是终身教育概念的两个本质性特征。终身教育作为一种教育理念，是含义非常丰富、意义非常深远的概念，同时是一种新的教育思想和理论。

2. 终身教育的思想

终身教育思想的发展有一个漫长的历程，不同时期的学者分别对终身教育提出了不同的观点和解释。我们从终身教育思想的发展与传统的教育思想比较中可

[①] 顾明远，孟繁华. 国际教育新理念[M]. 海口：海南出版社，2001.

以看到终身教育的丰富内涵和教育价值取向，这些内涵和教育价值取向是现代教育的新思想，归纳起来有如下四方面：

首先，终身教育赋予教育更加恰当的内涵，认为教育是贯穿所有社会成员一生的必由之路，陪伴着人一生任何时期的生活和发展阶段，终身教育为人的学习、工作和闲暇生活提供了帮助，是人生意义和价值实现的桥梁。

其次，终身教育是对现行教育制度的充实和超越，它否定了一次性的接受教育终身受益的落后观念，提倡发展满足人的终身学习需要的完整教育体系，充实了教育制度，并且超越了现行教育制度的分类和形式限制，具有改革教育制度的积极意义，促进全人教育理想在教育制度上的实现。

再次，终身教育在教育内容上突破了社会意识形态的规定，把人的自身发展需要和社会发展需要联系起来，并且覆盖了人全面发展所需要的各方面内容。其实质是关照了所有社会成员的身心发展权利，重视培养人的主体作用和创新精神，主张人的可持续的发展，是真正意义上的素质教育。

最后，终身教育倡导一种完整的、便捷的、有效的教育体系，向所有有学习需要的人提供教育服务，是把教育社会化和社会教育化结合起来综合实现的教育思想。因此，终身教育是学习化社会的支持系统，离开终身教育，学习化社会则难以实现，学习化社会是终身教育所要达到的目的。

（三）终身学习

1.终身学习的概念和思想

终身学习概念的产生及终身学习思想的发展，离不开人类社会沉积丰厚的教育理念和实践，更离不开近代世界各国教育实践和观念的更新。终身学习作为一种社会实践活动，是指人一生的持续不断的学习活动。从终身学习实践层面上，终身学习活动具有非常久远的历史，并且贯穿于人类社会文明的始终。古人"活到老，学到老"的纯朴的思想是这一实践活动的体现。我国古代教育家孔子更是身体力行地实践和倡导终身学习的楷模，他的"吾十有五而志于学，三十而立，四十而不惑，五十而知天命，六十而耳顺，七十而从心所欲，不踰矩"[①]，其间贯穿始终的便是坚持不断地学习。只有终身坚持不断学习和接受知识，人们才能不断完善自己、发展自己，才能达到"从心所欲，不踰矩"的境界。然而，"终身学习"

---

① 《论语·为政》。参见张以文：《四书全译》，长沙：湖南大学出版社，1989年，第67页。

的概念源于"终身教育"一词，终身学习作为一个独立的概念，它的提出却是现代社会的产物。目前人们给终身学习所下的定义已有十几种之多，在某些内容或表达上存在着差异，如何给终身学习下一个定义才能使人清楚其内涵是当前教育研究所要解决的一个问题。

2. 终身学习的内涵

终身学习实质上是在综合了终身教育和学习化社会理念的基础上提出的概念，包含有三个方面的基本内涵和外延：

（1）人人终身学习必须有学习化社会的前提，也就是社会必须为人们的终生学习提供条件和机会．

（2）这种学习不能是一种终极性学习方式，而应该是一种持续性的学习方式。

（3）终身学习还必须要求打破某一种教育机构垄断教育的局面，实现社会处处是教育、人们时时刻刻在学习的学习化情景。其实，终身学习概念的独特之处，是从学习者的角度，强调了学习者的主体性地位，把教育和学习看成以主体为核心的一种生活方式。总之，终身学习是指个人在一生中持续不断地学习，不断地提高自身的文化素养、社会经验和职业技能的主动自觉教育和社会活动。

（四）构建学习化社会和终身学习体系的对策

1. 推进学习化社会的基本对策

我国对学习化社会理论上的很多问题还缺乏深入的研究，随着时代和社会的发展，以及人民群众教育需求的增大和多样化，社会各界要求教育制度改革的呼声日益高涨。我们相信，进行教育制度的整体改革是构建终身学习体系的重要基础之一。当前针对我国的现实情况和问题，在构建终身学习体系和迈向学习化社会的策略上，我们认为有几方面的总体思路和基本的对策。

总体思路方面：

（1）我们要用终身学习的观点统一教育界和社会各界的思想认识，使全社会认识到，教育不仅是学校教育，也包括社会教育，教育不仅是学校的事情，而且也是全社会共同的责任，教育的职能要由全社会来共同承担。

（2）必须与整体社会体制改革结合起来，按照第四届全国教育代表大会的精神和十六大全面实现小康社会的宏伟目标，因地制宜地逐步实施，体现中国特色。

（3）构建学习化社会一定要系统规划、稳妥推进，今后一个时期内，我国要全面推进素质教育，加快教育信息化，逐步实现教育现代化，逐步构建终身学习体系，推进学习化社会的建设。面对国际社会教育改革与发展的新思路、新动态，在战略选择上，要立足于我国教育改革的现状和实际，借鉴发达国家教育改革的成功经验，特别是加强终身教育理论的研究。设计我国终身教育体制和模式成为教育工作者和全社会的共同使命，促进终身化学习社会的形成。

根据我国的实际情况，推进学习化社会可分两步走：第一步，全面进行教育制度改革，初步建成面向21世纪的终身教育体系；第二步，在学习化社区实验的基础上，推广到所有社会组织、机构、家庭和个人，全面形成社会的终身学习体系，迈进学习化社会。主要可以考虑如下几方面的对策：

第一，发扬中华民族崇尚学习的优良传统，充分调动人民群众的学习积极性，统一社会认识，形成全社会关心、支持和参与终身学习的合力。逐渐淡化教育内部各系统的界限，建设适应本地区的各种类型的学习组织，如"学习的家庭""学习的企业""学习的医院""学习的政府""学习的社区""学习的乡村"等。推进终身教育体系的建立，为社会成员的终身学习提供机会和支持系统，确立学习将成为人一生的重要活动的观念，形成全社会崇尚学习和人人终身学习的氛围。

第二，改革和调整教育结构，健全正规学校教育和成人教育两大体系，并努力促进两大体系之间的相互协调发展。加大学校教育改革力度，首先在学校体系中沟通各种教育机构和资源，并逐步向社会开放，使学校教育变成学习社会化的基石。同时，大力发展并完善成人教育体系，强化成人教育的终身教育功能。终身教育体系应该是学校教育后的再教育、再培训和再学习的相互结合，实行职前教育与在职培训相结合、学历教育与非学历培训并举、学业证书与职业资格证书并重的制度，努力构建和形成包括学校教育、行业（企业）教育、社会教育、网络教育等系统在内的现代教育结构体系。

第三，借鉴国外经验，大力发展信息技术和网络教育系统。利用现代科技媒体手段，加快我国终身教育基础设施的建设，运用新教育教学方法和手段改进教育模式，促进教育的现代化和信息化。建立更多的网上学校、虚拟教室、虚拟图书馆等远程教育和学习基地，克服传统教育受时间、教育年龄和区域教育环境等方面的限制，运用开放的网络系统、灵活的教学方式，鼓励创新的素质教育和推进终身学习的进程。政府和各级学校要在这方面有较大的人力财力的投入，既有规划和基础建设，又有研究和推广实验。网络教育的发展速度相当快，这将为我国构建学习化社会提供有利条件。

第四，采取因地制宜、分区规划、逐步推进的策略。由于我国地域辽阔，自然资源、人力资源分布和经济发展不均衡，构建终身教育体系需要一个由东部经济发达地区向西部内陆欠发达地区逐步推进的过程，需要一个由中心城市向落后周边地区渐进的辐射过程。经济发达地区可以建立国家终身教育实验区，为全国大范围的学习化社会的构建提供经验和借鉴。中西部地区，应在国家政策性倾斜的资助下，加大教育的投入，改善教育和育人环境，提高基础教育普及率和普及层次，有效地缩小地区差别，合理配置教育资源，全面发展各级各类教育。

第五，形成促进学习化社会的有效机制。包括激励学习动机的机制、沟通学习资源的机制、支撑学习的机制、保障公平教育和学习机会的机制、评估学习效果的机制等。要正确处理社会公平与个人选择之间的关系，政府宏观调控、学习者自主选择和社会广泛参与的关系。政府为终身学习体系立法，保障和协调社会的学习资源；社会教育机构主动为各类求学者提供平等参与学习的机会和条件；社会组织及个人自主选择适当的学习途径和方式。使受教育和学习成为每个个体、家庭、组织和全社会的自觉行动。

2. 构建与完善全民终身学习体系

第一，完善立德树人的体制和机制。立德树人是教育的根本任务，是贯穿人的生涯、贯穿教育的全过程、贯穿各级各类教育、贯穿教育教学各个环节的系统工程，需要从整体上推进。根据人的身心发展与成长规律，统筹建立各级各类教育协调发展、相互衔接的立德树人体制和机制，继续深化教育领域的综合改革，把立德树人贯穿在终身学习的整个过程和各个环节中，实现全员、全程、全方位的教育和学习。按照党的教育方针、德智体美劳全面发展的要求，继续深入推进素质教育，加强核心素养、核心能力培养。建立学校、家庭与社会一体化的育人机制，促进学校教育、家庭教育、社会教育的紧密结合。

第二，进一步促进各级各类教育协调发展。当前我国的教育体系还不能完全满足全民终身学习的需求，存在着明显的短板。从教育阶段看，学前教育、高中阶段教育、继续教育、特殊教育等仍是短板。从教育类型看，与普通教育相比，职业教育相对薄弱；与学校教育相比，社会教育、家庭教育相对薄弱。从地域看，与城市相比，农村的学习资源相对匮乏。从人群看，农村居民、残疾人、低学历者、低技能者、老年人等学习机会相对较少。从继续教育看，与学历继续教育和职业培训相比，社区教育发展相对滞后。实现全民终身学习，就要按照《中国教育现代化2035》和《决定》提出的推进各级各类教育协调发展的目标任务，推动城乡义务教育一体化发展，加快普及学前教育、高中阶段教育和特殊教育，更好统筹职业技术教育、高等教育、继续教育的发展。继续教育要实现学历教育、职业培训、社区教育等的协调发展，更好发挥在技能开发、文化振兴、社区治理、社会保障等方面的积极作用。增强教育的包容性，促进教育公平，为弱势人群提供更多终身学习机会，继续努力缩小终身学习机会和质量上的城乡差距、区域差距及人群差距，加快建设面向每个人、适合每个人、惠及每个人、实现全民终身学习的学习型社会。

第三，促进各级各类教育更加顺畅地沟通和衔接。完善招生入学、弹性学习、继续教育和学习成果认定转换制度，为学习者开辟更加开放和多样的就学、升学、转学通道。畅通各级教育之间的衔接，实现从学前教育到义务教育，从义务教育到高中教育，从高中教育到高等教育的升学变得更加顺畅，更加体现素质教育的要求。加强普通教育与职业教育的沟通，在基础教育中加强职业启蒙和生涯教育，在职业教育中加强通用能力与核心素养的培养。加强职业教育和高等教育中的产教融合、校企合作，完善合作机制和政策体系，促进学校和企业共同育人、共享资源，推动校内学习与职场学习的优势互补，继续推进现代学徒制和企业新型学徒制人才培养。加快推进非学历学习成果认定，促进各类教育培训机构之间的学习成果互认和衔接。

第四，促进社会参与，促进教育和学习资源共享。构建服务全民的终身学习体系，仅靠公共教育资源是不够的，必须充分调动全社会各种教育资源，包括社会教育、民办教育、合作办学及家庭教育等教育资源，促进各种资源共建共享与优势互补。按照《中国教育现代化2035》和《决定》的要求，支持和规范民办教育、合作办学，构建覆盖城乡的家庭教育指导服务体系。通过扶持和规范，扬长避短，充分发挥民办教育资源的优势，特别是在学前教育、校外教育、继续教育、网络教育等方面的积极作用。通过加强对家庭教育的指导与服务，增强家庭教育力。充分挖掘社会教育资源，增强社会教育力，更好发挥博物馆、图书馆、科技馆、体育馆等的终身学习功能，为学习者的德育、智育、体育、美育和劳动教育提供更多支持。充分发挥现代信息技术特别是网络教育和人工智能优势，拓展教育时空，推动教育教学创新。

二、教育机会均等问题

（一）相关概念和原理

1.教育机会均等的界定

教育机会均等问题已成为一个全世界所有国家和所有与教育有关的人最关心的基本目标，教育作为一个整体过程，教育机会均等依次体现在起点均等、过程均等、结果均等三个方面，人们将这三个方面视为三个阶段，三个方面不仅在纵向上有着连续性，而且在横向上也有着共时性，它们是同时存在的，完全的教育机会均等应该包含这三个方面的均等。教育机会不均等也表现为不同地区、不同阶层、不同性别的机会不均等。

2.教育社会学的分析方法

教育社会学将探讨教育与社会的相互关系作为研究对象，从宏观方面研究教育与整体社会之间的关系及其功能，从宏观方面研究教育与区域社会之间的功能性关系及学校内部的社会关系，从微观方面研究教育过程中的有关社会学问题。探讨教育与经济、政治、文化、科技、职业、法制等相互关系。本文是从宏观方面研究教育与整体社会之间的关系及其功能，教育公平是实现社会公平最重要的工具，教育机会、教育过程与教育效果的不公平，不仅危及社会的公平与稳定，而且是对人性、人权的侵犯。对教育机会均等问题的研究具有重要的社会意义。

（二）实现教育机会均等的途径

教育机会均等问题是一个教育学问题，也是一个社会学问题。如何解决高等教育过程中的机会均等问题值得关注并认真解决。

1.大力扶持弱势群体

首先是对弱势群体阶层家庭的扶持。政治资本和社会资本无法简单地通过补偿来实现，国家能够做的就是通过公平的政策与制度设计来消除政治资本和社会资本在教育机会获得中的不当干预。对文化资本短缺，可以通过扫盲班、文化提高班等形式尽量提高家长的文化水平。其次是对弱势群体阶层子女的扶持。对贫困家庭子女，免除其义务教育阶段的各项费用，并给予一定的生活补贴；在非义务教育阶段，实行合理的教育成本分担制度，通过奖学金、助学贷款、生活补助、学杂费减免等形式减轻贫困学生的经济负担，使他们不因贫失教；实行"居住地责任承担"制度，取消借读费，平等对待流动人口子女就学。

2. 优化配置教育资源

各级教育管理部门要遵循公平、公正的原则，合理分配教育资源，既能满足弱势群体的最大利益需求，又能兼顾一般群体的正常需要。国家应该在全面统筹我国教育发展规划的前提下，在具体措施上采取差异策略，对不同地区采取不同的政策和要求。特别是要采取措施加快落后地区的教育发展步伐，改善落后地区的不利教育状况。在政策、经费和师资等方面对落后地区进行倾斜和补偿，增加落后地区的教育资源，提高这些地区的教育水平，逐步缩小与发达地区的教育差距。

3. 鼓励民办高校发展

民办高校是我国高等教育的重要组成部分，在推进高等教育大众化的过程中，大力发展民办教育是一种必然的趋势。我们应该正确对待民办教育，坚持公平对待、鼓励竞争的原则，公平地对待民办高等教育。促进民办高校的发展，扩大人们受高等教育的机会，优化整个高等教育的结构，实现民办高校与公办高校的有序竞争、共同发展。

第五章 网络社会学理论分析与实践探索

本章为网络社会学理论分析与实践探索,主要包括三节内容,依次是第一节网络社会化相关概述、第二节网络社会行为及社群分析、第三节网络社会风险的社会治理。

第一节 网络社会化相关概述

网络冲击下的现代社会不仅是社会结构的网络化问题,同时也是网络社会化过程问题,这是网络社会运行的起点和基础。这不仅使真实的社会发生了质变,产生了一种新的社会形态;而且还出现了一种新的社会沟通模式,那就是"虚拟社区"。虚拟社区与真实社会既有区别又有着密切的联系,并且体现了网络社会的特质所在。

一、网络社会化

无论是解释发生的各种现象,还是判断未来的走势,寻找各种新兴的机会,都应该首先从网络社会化的角度出发,去寻找可能的答案。

(一)网络社会化

网络社会化实质上就是社会的网络化与网络的人性化。

2000年,因网络泛起的"泡沫经济",表现在美国股票市场上,纳斯达克指数飙升之后,随之狂跌。这场突如其来的股票灾难,席卷了整个金融圈,使所有的投资者和创业者都蒙受了巨大的损失。这也使得华尔街的那些分析家们无颜见人,受到整个社会的质疑。这场灾难也使那些关注网络革命的人内心惴惴不安,他们似乎已经感受到前所未有的危机。对于这场网络的剧烈变革,有很大一部分人并没有深刻地意识到它将会带来什么，就像以前的人们丝毫没有意识到网络会发展得如此之快一样。由于静态的惯性，在网络热潮中，人们往往会将网络神化，而到了低潮期，人们又往往会否定网络。人类习惯于以静态的视角去看待其他事物，而网络恰恰是不断变化地，甚至可以说，它最大的特点就是富于变化。而且它不仅造成其他各大领域的变化，其自身也始终处在不断地变化之中。正是由于这种变化，人类陷入了一种不断否定自己的怪圈之中。

在这种变化之下，与其不断地否定自己，不如去实际的观察这些网络变化，分析预测将来可能会出现的其他变化，以应付之后的发展。近些年来，网络发生了翻天覆地的变化，不仅改变了相关领域的某些事物，自身更是变化惊人。随着时间的推移，网络的相关产业不断地发展扩张，到如今，在全球范围的多个领域内均有其相关实践产物，人们已经越来越离不开网络了。随着网络产业的不断发展变化，网络浪潮一代代地向着人类社会奔涌而来，迄今为止，这些网络浪潮一共可分为"三个阶段"：网络商业化，网络社会化，网络全球化。①

网络商业化阶段，是网络浪潮的前锋，它主要发生在20世纪90年代。这时，网络行业逐渐开始商业化，逐渐从科研以及军事的工具走到台前来，来到人们的面前。网络技术不断的发展，开创出一系列的应用模式，吸引着创业者和投资者的目光，掀起了一股创业的热潮。随着时间的推移，社会的发展，网络的科学技术也在不断地进步，此时网络热潮也开始进入了一个全新的阶段，这个阶段就是网络社会化阶段。在网络社会化阶段，它的创新能力逐渐减弱，开始转向社会的方方面面，改变着人们的生活。它逐渐渗入传统的政府、企业、教育等领域，在技术上不断予以支持，给它们产生了极大的便利。网络社会化阶段，不像前一个阶段那样壮观，而是润物细无声，悄无声息地渗透入广大人民群众的生活中去，这是一种有先后次序、不同程度的渐变过程。在这个过程中，网络产业会逐渐扩大，在各个不同的领域发挥不同的作用。这是网络浪潮真正的主流，也是变化的真正核心问题。

（二）网络社会化与"大IT时代"

实际上，在2000年就已经有人提出了"大IT时代"的概念。随着网络的不断发展，网络社会化浪潮日益高涨，网络的触角开始不断延申到各个方面，进入

---

① 方兴东："网络社会化新时代来临"，http://www.sina.com.cn 2001年4月20日。

各行各业。"大IT时代",就是指随着网络的不断发展,IT技术不断发展延伸到各个行业,最终形成一种新的产业格局,各个不同的产业开始重新建构,形成一种新的经济特征。"大IT"是一个新的概念,它并不是指IT到其他个各个行业的简单拓展延伸,而是更加专业化,关于"大IT",有下面这四个特点:

一是传统IT企业逐渐的边缘化,新兴企业中心化。随着网络的发展,IT逐渐延伸到各个行业,为人们带来了便捷。在这场网络变革之中,人们比较看好的传统IT业并不会有很大的发展,反而是那些新兴企业,更容易借着网络变革的东风,迅速发展起来,成为IT发展的中心,比如网络商务公司、配送业等。

二是IT已经逐渐边缘化,资本开始打入到IT行业的中心,成为主导。在以前,IT与资本是相互独立的关系,到如今,双方相互联合,开始开辟新的经济发展道路。

三是电子边缘化,商务中心化。在网络变革过程中,它逐渐发展到了一个新的阶段,由之前的内容服务,发展到现在的电子商务。电子商务是传统行业与网络行业的结合,其中,商务是主体,网络只是起到辅助作用。

四是产品技术边缘化,应用服务中心化。随着网络的变革,IT已经渗入到行业的方方面面,与传统行业相互联合起来,引发起各行各业的发展变革。未来,所有产业都要结合网络完成转型,不断地发展新技术、开辟新道路。

"大IT"与网络社会化两个概念的内涵是一致的,只不过"大IT"主要是立足于IT产业的角度,而网络社会化则是着眼于整个社会,进行更宏观、更全面地总结这场变革。

二、网络社会化带来的新趋势

在网络社会化阶段,随着网络不断变革,社会也在不断地发展变革,产生了一些新的趋势。

(一)网络信息革命与可持续发展

随着科学技术的发展,人们的社会生活得到了初步的改善,衣食住行等各个方面都有了一定的进步。煤炭、石油等矿产资源的开采,为人类社会带来了一定的便捷,促进了人类社会的发展。但是,它也给人类带来了一定的灾难。这些矿产资源并不是无穷无尽的，它们是一定量的。随着人类的滥采滥用，世界上的煤炭、石油等资源在不久内即将耗尽。那么，这给当前的人类提出了一个问题，我们的子孙后代怎么办？他们未来利用什么资源去生活？不仅仅是有关资源利用的问题，随着科学技术的发展以及人类的不合理利用，各种问题也正在逐步显现出来，比如，全球变暖、冰川融化、臭氧层空洞等。

工业文明的发展，带来了全球化，使得人类社会不断地进步，但同时也带来了上述一系列的问题。针对这些工业文明带来的重要问题，人类社会已经不能再依赖发展传统意义上的工业，否则，势必会引起更加严重的灾难。曾经有人统计，如果全世界国家都是同美国一样的发达国家，那么污染将增高几十倍，能源更是会迅速消耗殆尽。但是，每个国家都有发展的权力，我们又不能因此而剥夺这些国家的发展权。要解决这种难题，最好的办法就是依靠发展网络经济。网络经济带来了信息时代，在当今这个信息时代，人们真正依赖的已经逐渐变成了信息和知识创新的能力。而且，面对当今要解决的一些全球性的问题，网络经济也提供了一些好的解决方案，促进人类社会不断向前发展。

（二）金融危机与网络经济

在1997年，国际经济中发生了两件大事。一是美国经历之前的经济调整之后，经济开始出现空前繁荣，出现了一种理想的经济增长模式，即网络经济，并且随着社会的发展，它正逐渐成为现实。二是东南亚遭受了严重的金融危机，经济开始出现严重衰退，货币贬值。

东南亚多数国家的经济是一种典型的工业经济发展模型，他们利用廉价的劳动力，大力发展劳动密集型产业，使经济迅速腾飞。这些东南亚国家还在工业发展的基础上，逐步建立起一种东方特色的金融体系，在资源、货币资本、人力等基础上逐渐形成了经济的奇迹。在这场金融危机中，我们需要注意的是，其中"信息"与"制度"发挥着重要的作用，是"网络金融实体"与新兴经济实体双方的冲突。随着全球网络的加速效应，各国的"信息差"与"金融差"逐渐开始成为应对危机的必要条件。这次的金融危机并不是传统国民经济的"资本边际效率递减"，而是来自网络经济促成的"国际融资制度效率崩溃"。在经济发展过程中，如果不是知识促成的经济发展，那么其只能靠消耗资源来发展经济，这必定会带来环境污染相关问题。在这次东南亚金融危机中，受损害最严重的是印度尼西亚。

而且，印度尼西亚的环境污染问题也是最严重的。在1997年，印度尼西亚遭受金融危机之后，经济发展开始一蹶不振。目前，各国交流日益频繁，世界全球化不断发展，这种依靠能源和资源的工业经济变得越来越脆弱，已经无法适应现代经济的发展趋势，必须寻求其他经济发展道路。

在东南亚各国的工业经济倍受打击之时，美国已经开始着手发展新经济。在20世纪90年代初，当东南亚、日本等还处于生产型经济之时，美国就已经改革了经济发展模式，逐渐开始向网络经济过渡。在这种模型的经济发展过程中，IT发挥了巨大的作用。在之前的工业社会中，社会分工十分精细，从生产到消费的步骤逐渐拉长，这不利于准确信息的获取，容易导致周期性的经济危机。后来，随着计算机与网络的迅速发展，美国的经济模式发生了变化，工业经济不再占据主导地位，网络经济开始逐渐发展起来。自此，物质流逐渐落没，信息流逐渐开始发展，网络信息革命的方向也逐渐明确。

随着网络信息革命的发展，各个环节的信息逐渐明确，产品库存积压大大减少，企业管理的效率也得到了大幅度地提高。局域网络的诞生使企业各个部门紧密联系在一起，企业可以运用企业管理系统实时地监督市场、产品等各个方面的问题，员工与员工之间、上层与员工之间、上层与上层之间都可以有效地对这些问题进行沟通、核对、分析、解决，这大大地减少了双方之间沟通的成本，提高了企业管理的效率。随着生产力的不断发展，生产过剩问题日益增加，资源严重浪费。网络技术的发展，使企业能够准确把握信息，联通产品与市场，生产出适宜的产品数量，避免资源浪费。例如，在传统的超市中，人们要一件件核对商品的售出情况，这是个十分庞大的工作量。而在超市内安装网络以及电子收款，这样，不仅能够准确掌握售出产品的型号与数量，还可以将它们传送给厂商，以便他们调整生产产品的数量。网络技术渗入各个行业之中，不断影响着生活的方方面面，在经济发展过程中影响深远。

（三）国际社会竞争的新内容

冷战结束后，旧的国际政治经济秩序已经不适应新的国际局势。因此，新的国际经济秩序受到人们的期待与关注。如今信息时代，随着网络技术的不断发展进步，国际政治经济新的秩序也显示出一些新的特点。

第一，在新的历史时代下，国际政治经济新秩序必须要体现出新的时代特点。

当今时代，和平与发展仍然是世界的主题，只是其内容在不同的历史时代下发生着变化。第二，在信息时代，各个国家之间交流日益增加，世界全球化趋势不可逆转，新的国际政治经济秩序必然要体现出各个国家的自主与平等。第三，信息时代下，国际间的竞争将更加取决于双方对信息的利用以及知识的创新，这些信息可能会引起的文化、知识、武力等方面的冲突将有可能会影响国际和平。

冷战结束之后，国际竞争的焦点逐渐转移，目光聚焦到有关综合国力的竞争上来。现在的世界经济越来越依靠知识经济，相比起工业经济，知识经济是无形的资产投入，它以科学、技术的开发为基础，建立在知识和信息的生产、分配、使用上，能够实现经济的可持续发展。在经过长期的研究之后，美国前竞争力委员会委员长达尼埃尔·巴顿先生认为，"在未来10年左右的时间里，网络经济在各国取得多大的进展，这将左右企业的竞争力。"[1] 相比于其他国家，美国较早地实现了网络经济的转型，因此，在未来的国际竞争中，美国将占据有利地位。随着科学技术的发展，网络经济不断扩大，美国已经掌握了网络信息技术的相关资本，并在世界经济中逐渐跃居首位。

在工业经济中，劳动力是重要资源，人们利用低廉的劳动力不断发展本国的经济。而在网络经济中，随着科学技术的不断发展，人才才是当今社会的重要资源。因此，美国等发达国家都十分重视自己国家的人才发展战略。首先，他们增加科研相关投入，不断鼓励科研人员研究探索相关领域。在各国科研经费投入方面，前五个国家分别是美、日、加、英、德。其次，各国不断地增订各种政策，引进外国的科技人才。美国科学基金会预测，到2006年，美国将会缺少67.5万名科学家和工程师。美国政府为了引进外国人才，修订了《移民法》，拨巨款以吸引各国的人才。曾经有人估计，在美国要培养一个成熟的专业人才，需要花费至少25万美元，16年时间。[2] 目前，美国凭借着丰厚的待遇已经吸引了许多外国的人才。其他国家也不堪落后，近些年来，关于人才的争夺也越来越趋于白热化。

---

[1] 日本经济新闻社编．雅思译．世界经济大视野 [M]．北京：商务印书馆国际有限公司，1997：100-101．
[2] 莱斯特·瑟罗．资本主义的未来 当今各种经济力量如何塑造未来世界 [M]．周晓钟，译．北京：中国社会科学出版社，1998：277．

第二节　网络社会行为及社群分析

一、网络社会行为

（一）网络社会行为的概念

随着网络信息技术的发展，计算机越来越普及，网络社会也逐渐显现在人们眼前。网络社会是一个虚拟的社会，人们在网络社会中生存发展、沟通交流。这些在网络社会中基于一定的意识与目的所展开的活动，就是网络行为。传统社会中并不存在网络行为，它是一种新型的社会行为，是在新的历史条件下形成的新的生存发展方式。随着虚拟化网络社会的逐渐展开，这种新型的社会行为才逐渐生成，它与现实社会中的社会行为有些许区别，网络社会呈现出一种新的特征与新的价值。这种虚拟化的网络行为，是在物理性的现实行为基础上产生的，是对物理性的现实行为的延续与创新。这也表现出人的行为功能的两重性，即"规范"与"失范"的两重性，这两重性也凸显出不同社会历史条件下人类行为功能的辩证性。

社会是由人类的行为构建起来的社会，而人的行为，也总是社会性的行为，二者具有高度的相关性。同理，网络行为与网络社会也是紧密联系、不可分割的，正是有了网络社会这一新型的社会存在形式，网络行为这一新型的社会行为才能得以产生，而网络社会也是由网络行为构建起来的。从产生过程上看，网络行为与网络社会是同时形成的，二者互为前提，互相支撑。网络社会的兴起与良好运行，离不开数字化、虚拟化的网络行为，这种网络社会赖以生存的新的社会行为方式是网络社会的底层构建。而网络行为的呈现与进行，也与网络社会息息相关，正是由于这种虚拟化、数字化的网络社会的形成，网络行为才能呈现在人们面前，网络社会是网络行为赖以生存的新的社会存在形式。因此，我们可以知道二者是同时态产生的，并且是相互生成的同时态。如果没有了网络行为，网络社会就不复存在；而如果没有了网络社会，网络行为也就无从谈起。二者的创造、创新作用是相互的、双向的，新的社会存在形式造就了新的行为方式，而新的行为方式也造就了新的社会存在形式。

在网络社会中，网络行为是人类一种特定的生存发展方式。换句话说，人类是网络社会的唯一行为活动主体，人类是网络行动的主导者与操作者，人类控制着网络行为的展开，人类通过主导网络行为来构建网络社会。人类在施行网络行为构建网络社会的过程中，也在不断更新自己的网络状态，如社会交往、社会联系、社会生活等，在推动自身发展的同时也在不断地促进网络社会的发展。在网络社会中，网络行为是人类生存发展的根本方式，也是人类能够采取的唯一可行的方式。如果没有了网络行为这种生存方式，网络社会就会消失，不复存在。

（二）网络社会的构成要素

什么叫作"网络社会"？网络社会，顾名思义，就是与传统社会相类似的一种社会，但是人们并不在现实环境中进行交流，而是在网上进行交流。关于网络社会的概念，学术界并没有一个统一的答案。他们往往只能根据网络社会的特征与表现形式等进行一个概念性的表述。一般情况下，网络社会的构成有两个关键要素，即网络环境与网络活动，其描述如下所示。

1. 网络环境

网络环境，就是网络的使用者们通过计算机网络互相联结起来的这个虚拟空间。在网络环境中，网络使用者们可以利用各种网络工具与他人交流互动，展示自己的想法、见解。网络环境是一个虚拟的空间，但是在这个虚拟空间内，网络成员们所进行的一些分享、交流等想法会对现实社会产生重要的社会影响。网络环境是构成网络社会的基本要素，网络社会依托于网络环境。另外，网络社会还被称为数字社会、虚拟社会、虚拟社群等。

2. 社会活动

社会活动也是构成网络社会的一个要素。在网络社会中，仅仅有网络环境还不够，还要有社会活动，网络社会本身的产生与发展需要网络参与者的社会活动来向前推进。这些网络参与者的社会活动有很多，如网络参与者创造一种独特的沟通表达形式，他们创造一些特殊的符号，并给它们附上特殊的含义，通过这些特殊符号进行沟通交流，表达自己的想法与意见；网络参与者通过隐匿、虚拟的方式在网络环境中构建社群的角色，并进行各种符合身份的行为活动，不断构建自己在网络环境中的社会地位；网络参与者们通过各种道德约束机制维系网络中的社会关系，通过法律机制约束网络社会行为等。

（三）网络社会的行为特征

网络社会尽管是一种虚拟的社会，但是它是在真实的现实社会基础上形成的，其内核仍然是人与人之间的交流。因此，在网络社会中，人的行为既有现实社会中的普遍特点，又具有自身的独特性。换句话说，就是网络社会中人的行为具有社会性与个体性双重特征。

1. 社会性特征

所谓社会性特征，就是现实社会中人与人之间交流的普遍特征。首先，在网络社会中，网络成员是以一些虚拟身份存在的自然个体。这些自然个体通过计算机网络互相交流、沟通进行信息传递、情感交流，在这个交互过程中，自然个体通过社会互动实现个人的社会价值与意义。由于网络中的交流与沟通具有公共性，网络社会才被称之为社会。其次，网络社会中具有一些约定俗成的规范，网络参与者要遵守这些规范，他们受到这些规范的制约，这是与现实社会有些类似的地方。但是与现实社会不同的是，在网络虚拟社会中，由于其范围过于广泛，人们比较难以形成一个大家普遍认同的行为准则，而通常是在某一个特定区域内形成的特定行为规范，而且这种规范大多数是不成文的规定。在网络社会中，人们是自由的，但不是绝对的自由，这种自由并不是无限制的。当大家普遍对某个行为准则达成共识之后，这个准则就具备了一定的效力，对那些不受规定的人，往往会受到惩罚或驱逐。

最后，网络社会成员在现实生活在都是一个个活生生的人，他们在网络社会中的某些行为会受到个人思想观念的制约，也会受到社会行为观念的制约。网络社会是在现实社会的基础上发展起来的，承袭了现代社会发展的某些经验。随着现实社会的发展，人类社会不断迈步向前，网络社会也在不断地向前发展。

2. 个体性特征

网络社会的个体性特征，也就是网络社会所独有的特征。

首先，在网络社会中，人与人的身份是未知的，其网络活动也是隐匿的，网络社会的个体性特征主要表现在网络活动的隐匿性上。一般情况下，网络社会的个体在现实社会中有较少的面对面的实际接触，他们通过计算机网络相互连接进行沟通与交流。与现实社会中的沟通方式相比，这种沟通方式具有极大的隐匿性。正是由于这种沟通方式的隐匿性，网络社会的参与者往往受到较少社会道德规范的束缚，其沟通较为直接与原始。

其次，网络社会行为的个体性特征还表现在现实行为与网络行为的交互影响上。在网络社会中，人们往往具有一个虚拟的网络身份角色以及一种独特的行为模式，这与现实社会中人们的身份存在着一定的分歧。当人们在网络社会中进行网络社交时，由于隔离现实，他们重构对自我的认知，重新认识自我。然而当进入现实社会中，这种虚拟身份与现实身份之间往往会混淆，从而在现实社会中又开始重塑自己的身份认同。

二、网络社群

（一）"网络社会群体"——网民

随着网络信息技术的发展，"网民"的概念逐渐出现在人们的视野中。"网民"主要是指那些经常在网络上与他人进行交流沟通的人，是一个以计算机为单位的计算机社会群体。这个新生的社会群体，是由一部部的计算机与网络互相联结起来的网络集合。一个个单独的人，处在不同的时间与空间之中，由于网络的存在，而逐渐形成了一个有生命力的社会群体。在这个社会群体中，人们通过网络互相交流、沟通、传递情感与信息，人们之间的沟通不仅有双向互动，还有多向联系。在传统的社会环境中，信息由"中心"逐渐流向"边缘地带"，而在新兴的网络中，传统信息的传递方式已经不再适用。在新兴的网络中，信息的传递无所谓"中心地带"与"边缘地带"，每一个人都与其他位置上的人一样，网络中的人们获取信息的机会是均等的，这是一种"草根式"的联结。这种"草根式"的联结，是一种奇特的现象，吸引了大部分学者的注意力，他们开始密切关注网络社会群体的一举一动。因为，这种新的信息传递方式可能造成一种新的人类社会的组织或结构方式，它将会影响人类社会的新秩序。这种新的人类社会的组织方式，将会变成以网络社会群体为特色的形式。随着社会的发展，信息科技水平的进步，各国交流日益增加，全球化趋势不可逆转，"地球村"的预想原本只是一种乌托邦社会的概念理论，到目前已经有了相对比较客观的基础。

一个个的计算机通过网络相互连接，计算机互相联结之时，使用计算机的人们也在相互联系，这时，这种技术网络的相互联结就变成了网络社会，这是社学者关于"网络社会群体"的理论看法。对现代社会来说，网络社会群体这个现象的意义就是虚拟社区。与真实社区相比，虚拟社区中的人们相互之间的沟通社会性接触比较少。由于人们之间的社会性沟通接触比较少，这种以计算机网络相互连接的沟通方式缺少道德与社会规范的束缚，与传统的社会沟通方式相比较为原始和直率，富有创意。这个用计算机构成的网络是最引人注目的社会现象，人们可以通过网络保持一般关系与亲密关系。与传统社会相比，网络社会欢迎所有的网民，鼓励所有的网民自由发表自己的意见与看法，并且将这些不同的看法与意见集合起来，求同存异，形成一种稳固而成熟的思想。这是网络社会与传统社会最大的不同。一个人的思考是自己独立进行的，网络社会将这个独立的、孤立无援的过程，转化为一种互相沟通的动态过程。在这个动态过程中，每个网民都可以贡献自己的智慧与想法，每个网民都是一个独特的角色。在网络社会中，现实生活中的普通大众都可以找准自己的位置，发挥自己的用处。总而言之，网络社会的构建，是 20 世纪末人类社会面临大转变的新开端。

（二）"网民"日常活动类型

一是聊天。网民们在聊天室里与天南海北的朋友互相交流，分享自己的见闻、趣事等。在网络社会中，人人的身份都是未知的，大家互相畅所欲言，彼此闲聊，抒发情感。人们可以通过 QQ、聊天室等软件来进行此类活动。

二是交流讨论看法。在虚拟社区中，人们就某件事情发表自己的看法和观点，与其他人的观点互相碰撞，互相交流，求同存异。这种活动选择的活动场所有论坛、BBS 等。

三是咨询与求助。有一些网民在网上并不是为了与他人聊天，也不是为了娱乐，而是为了寻求某些方面的帮助。因此，这些有确定目的的网民经常活跃在某些分类比较细化、专业性较强的讨论区，来咨询某些问题。比如关于法律、教育、医疗等虚拟社区的开设等。

四是网络会议。当公司需要进行异地、远程会议时，就会用到某些可以进行网络会议的软件。另外，网络社会中的某些网民也可以通过网络会议互相进行谈话、聚会，增强联系。目前，人们经常采用腾讯会议、钉钉等进行网络会议活动。

五是上传、下载和转贴。一些网民可以在网上下载某些文本、数据、音乐、影视等文件，还可以将网上的一些现成的文件复制到某一虚拟社区进行发言等。

六是自由撰文。网上还有自由撰稿的一些网站，网民们可以通过在这些网站上撰稿满足自己的创作欲，发表自己的作品。

在网络社会中，网民们日常活动类型主要有聊天、交流讨论看法、自由撰文、咨询与求助、上传下载转帖等。这些形式最根本的目的就是发表自己的看法。在虚拟社区中，这也是人们网上生活的主要形式。

（三）大众中的网民

在过去的传统社会中，在网络未形成之前，社会主要是大众组成的。而当今的社会，传统社会与网络社会并行，此时的社会是由大众与网民共同组成。我们可以通过概括大众与网民这两个基本概念来区分传统社会与现代社会的不同之处。大众，泛指那些在人类社会中生存的一般人民；而网民，主要指一些特定类型的人群。这些特定类型的人群通过娱乐、兴趣、工作以及其他的目的由计算机网络互相联结起来，形成一种特殊的群体。这些通过计算机网络主动或被动相互连接起来的计算机使用者就是网民。那么，与传统社会生活中的大众相比，这些网民具有什么特征呢？他们具有什么社会意义？当代社会中网民的人数有多少，占据大众的比例是多少呢？

在 1995 年，《新闻周刊》（News week）曾经做过一项调查，调查发现大多数网民共同具备的特征是居住在北美地区、男性、单身、白人，在政治上属于保守主义者。这些网民中有三分之二上过大学，年收入较高，大部分为大学生、经理以及计算机专业人才。纽约大学曾经针对北美地区做过一项研究，研究发现了网络对社会存在一定的冲击，它强化了中心城市及其周围地区对于其他地区的领导地位。在传统的美国东北部及中西部城区加上加州及华盛顿特区，也是美国计算机网络最为紧密的地区。这个调查研究发现，对于传统社会来说，网民是具有一定的社会意义的，它会对传统社会造成某种影响。

随着信息网络的发展，网民的队伍逐渐壮大，对社会来说，是否会发生实质性的变革？网络社会中的人际关系又会怎样发展？网络社会中的网民的心理特性又会如何变化呢？对于那些关心社会当代变迁的学者来说，这些问题是必须要深入思考和研究的。

第三节　网络社会风险的社会治理

网络所构筑的新型社会必然带来一些新情况和新问题，并对现实社会产生许多负面影响。如何认识和把握这些新问题和如何解决与防止这些新的社会负面作用，是网络信息时代人们必须面对的新课题。

一、网络色情与"网络综合征"

网络给我们的衣食住行等各个方面带来了许多便利，改变了我们的生活。但是任何事情都是双面的，在给我们带来便利的同时，也带来了一定的问题，比如网络色情、网络赌博等，这些问题不利于社会和谐的构建，不利于人与人之间的正常交往，给我们的生活带来了非常大的负面影响。

（一）网络色情

在网络上，网络信息繁复杂乱，未成年人由于社会经验比较少，想法比较稚嫩，他们很容易受到某些不良信息的诱惑，从而走上不归路。目前，很多国家都已经意识到了网络色情的危害性，采取某些措施不断地整顿网络虚拟环境，但是成效不大。

为什么网络色情如此泛滥，又如此顽固呢？究其原因，是因为它的概念尚不清晰。目前，各国对于网络色情的管理都没有给出一部明确的法律法规，也没有给它一个相关的定义，它的概念十分的模糊，具有不确定性。

网络色情，应该是指使用网络传播色情相关的图文、视频、声音等内容。主要是在网络虚拟环境中存在，这是网络色情与常规色情行业的不同点。

在网络上，我们要注意辨别，不能将网络性知识教育与网络色情混为一谈。要打击网络色情，首先应该要知道如何区分网络色情与网络性知识教育。网络性知识教育是不可缺少的，对社会有益的，应该受到鼓励与支持。而网络色情，则是对社会化有害的，应该受到打击。如果不能正确地区分二者，将它们混为一谈，这样不利于网络社会健康发展。

网络色情，无论以什么形式作为外包装，其基本内容是不变的，就是赤裸裸的不健康的性内容。对于涉世未深的青少年及儿童，这些内容都是极度危险的。

我们可以概括出了网络色情的定义：利用网络进行传播，具有社会危害性，包含性内容的各种文字作品、图形图像、声音资料等。我们相信，随着人类数字化社会的进步，这一定义也会逐渐地科学化和具体化，从而为我们全社会消灭网络黄毒奠定坚实的基础。

（二）防范"网络陷阱"

黄色站点不会自动关掉，但是有关部门可以制定严厉的制裁措施，对查获的黄色网站施以重罚，甚至追究有关人员的刑事责任。

要打击网络色情，就要严防严控，严格检查，严肃处理。一方面要时刻关注网络信息，增加技术研究，甚至可以成立一些专门的技术机构对其进行处理和分析，顺藤摸瓜，追根溯源，最终对黄色网站予以打击。另一方面，要加大处罚和惩戒的力度，制定相关法律法规，对其进行严肃处理，不能让他们存在侥幸心理。另外，一些孩子或者青少年在网上冲浪时，由于心智尚不成熟，社会经验比较少，很容易受到其他不良信息的蛊惑与伤害。比如，赌博、吸毒、暴力、骚扰、泄露个人基本资料、陌生人约见面、他人语言暴力的侵害等。为了避免发生这些情况，家长还要对孩子进行讲解培训，告知他们哪些是不安全的网络行为，避免他们走上歧途。为了了解孩子的行为，家长可以把计算机放在客厅，而不是将它放在孩子的房间里，以免他们会受到某些未知的侵害。

家长要耐心地引导孩子正确地使用网络，学习网络安全相关的各种知识，说服孩子遵守网络安全规则。家长们也可以与孩子们一同在网上聊天，让孩子体验网上的人际关系互动模式，在实际交流中引导孩子学习网络知识，掌握与他人交流的能力，学会网上事务的相关处理办法。另外，家长们也可以搜集一些好的网站建立书签，引导孩子们去学习了解，避免他们翻找到某些不良的网站。

（三）"网络综合征"及其他网络疾病

"网络综合征"，指的是由于沉迷网络而产生的一系列疾病的总称。

目前，网络已经进入了千家万户，与人类的生活处处息息相关，密不可分。无论是衣食住行，还是工作、娱乐，网络能够满足不同人的各种各样的需求，吸引了越来越多的人关注。由于它上知天文，下知地理，花样繁多，越来越多的人开始沉迷于网络，陷入其中不可自拔。

根据有关统计显示，在全球两亿多网民中，有大约1140万人有着不同程度的网络综合征。患上网络综合征的患者，在网络上花费了较多的时间，他们沉迷于网络，为了满足自己，可以不间断地持续操作网络很长时间，随着其兴趣逐渐增强，越来越不能自拔，无法控制自己的行为。他们沉迷在网络中，经常熬夜，即便在梦中或者幻想中，也常常出现某些在网络上的情况，分不清现实与虚幻，甚至为了网上的生活而全然放弃了现实生活。在初期，他们可能只是对现实的生活不满，为了发泄自己的情绪或者满足自己的愿望，而将精神依赖于网络世界。到了后期，他们的网络综合征日益严重，逐渐由精神上的依赖变为躯体上的依赖，躯体上的依赖的表现为情绪低落，头晕眼花，身体疲乏无力等。

网络综合征的产生原理是由于上网时间过长，大脑的相关神经中枢始终处于高度兴奋的状态，肾上腺素水平异常增高，从而导致一系列的劣性改变。伴随着这些改变发生的还有一系列的生理和生物化学变化，从而导致免疫功能降低，容易诱发各种疾病，如心血管疾病、紧张性头疼等，甚至还会改变一个人的性情，使一个人变得暴躁易怒等。另外，由于眼睛长期注视着显示屏，视力也会逐渐下降，产生怕光、流泪、眼痛等各种症状。

美国曾经做过一项调查，选取了496名网民，询问有关网络的相关内容。这些内容大致为：能否正常适应网络？上网时身体是否会不自觉地颤抖？手指是否会不自觉地敲打键盘等。通过对这些内容的调查，结果显示，在这496名网民中，大约有397人患有网络综合征，他们在不同程度上对网络具有一定的依赖。

另外，国外学者还发现，有一些网络综合征的患者并不愿意承认自己患有这种病症，甚至他们中有一些人根本并没有正视这种病症的存在。直到严重影响了正常的学习和生活，他们才会去医院。随着网络技术的发展，中国人也出现了越来越多的网络族，他们不仅在网上浏览信息，拓宽自己的知识面，还在网上进行学习和工作。在这个过程中，大家一定要约束自己上网的时间，以防上网成瘾，同时还要注意锻炼自己的身体，保持身体的健康，防止网络综合征的产生。

要防止网络成瘾和网络综合征的产生，最有效的办法就是要不断丰富自己的业余生活，不要总是在网上活动，而是要到社会中去，和朋友聊天、逛街、旅游等，丰富自己的现实生活，这样人们就不会感到孤独，从而将精神依赖于网络世界之中。另外，还要合理调整自己的膳食，多吃一些富含蛋白质和维生素A的食物，多吃绿叶蔬菜，补充一些叶黄素等，这些都有益于人类身体的健康，缓解眼睛的疲劳。如果这些还是不能预防网络综合征的发生，一旦察觉到自己出现了某种问题，要及时地请医生妥善治疗。

在现实生活中，随着社会的进步，网络不断地发展，患上"网络综合征"的青少年越来越多。除了网络综合征之外，还有一些其他的症状与行为，也不利于青少年的身心健康。比如，网络诈骗、网络孤独症、网络上瘾症等。

通过网络，人们可以与天南地北的人进行交流，互相之间谈天说地，畅通无阻。在网络世界上，人们比现实生活中更加自由。但是，这对人们来说，是一把双刃剑，有利也有弊。由于网络世界太过美好，当人们沉溺于虚拟世界之中，就会感受到前所有未有的愉悦，与现实生活中的孤独形成了鲜明的对比，这就可能会使人们对现实世界产生厌倦感，不利于正常的工作和生活。最重要的是，由于网上交流比较隐蔽，青少年更容易受到某些网上不法分子的侵害。

由于网络环境并不十分规范，在网上甚至还出现了一些代写作业、论文的情况，这对青少年来说，是一个极大的挑战。青少年心志不坚定，很容易受到网上一些人的蛊惑，花费一些钱财请别人帮忙写作业。这个时候，也体现出他们是否自律以及能否坚持自己的端正态度。针对这种情况，如何杜绝它们是一个很严肃的问题。因为它不仅与学生个人的端正态度有关，而且与整个学术界的学术伦理、风气有关。总之，计算机网络是一把双刃剑，它能够方便人们的生活，也存在弊端。对于意志坚定的人来说，它的利大于弊；而对于意志不坚定的人来说，弊大于利。传播学家认为，电子媒体本身就带有一种麻醉的功能，在潜移默化地改变着受众。

二、网络犯罪与网络警察

现在是一个信息化的时代，给人们的生产生活带来极大便利的同时也存在弊端。各种信息化犯罪活动不断发生，引起了世界各国的广泛关注，给社会上的人们带来了一定范围内的恐慌，并且逐渐成为现代人们生活的又一个新问题。

随着网络环境的逐渐互联互通，各种信息犯罪活动层出不穷，技术水平也在不断地增强，并展现出隐蔽性、智能性、复杂性等多种特征。这些信息犯罪行为的主要类型有信息污染、信息欺诈、信息窃取等。网络犯罪是指通过网络传播病毒、剽窃资料库机密、从事恐怖活动、敲诈、行骗、捣毁他人网站等有关的网络犯罪活动和行为，是传统犯罪方式的信息时代的新发展。对此，各国政府主要是从技术、管理和法律等方面采取相应的整治举措，并为了有力地侦破和打击网络犯罪纷纷成立了网络警察。

（一）网络犯罪的基本类型

在网络环境之中，信息纷繁杂乱，无处不在，始终在网络环境之中不断地流动着。随着网络技术的发展，网络成为信息交换的根本手段和重要途径。因此，很多信息犯罪主要都是集中在网络之上，从犯罪的开始到结束都是在计算机上进行。根据信息资源的侵犯方式，以及信息犯罪的实际情况，我们可以将信息犯罪分成几类，如下所示：

1. 信息窃取和盗用

在信息犯罪中，最为常见的类型就是信息窃取和盗用。信息窃取和盗用，顾名思义，就是行为人窃取他人的信息为自己所用，为自己谋得非法利益。其中，最典型的是计算机的窃取和电话网络的盗用。计算机的窃取，主要是指通过计算机改变账单、清单、电子货币等，改变公私财产所有权。例如，曾经在德国有一个程序员改变了有关公司的账单、工资数据、结算单等程序，窃取了19万多马克。电话网络的盗用，主要是指盗用公用电话的电话卡、盗码并机使用不纳费电话号码等情况。这种信息犯罪给那些合法的用户造成了很大的损失，也给电信部门造成了很大的混乱。

2. 信息欺诈和勒索

信息欺诈和勒索，指的是行为人通过伪造一些信息来欺骗他人，获取财物的犯罪行为。关于信息欺诈和勒索，比较典型的手段是制作假票据、篡改计算机程序、伪造信用卡等。在美国曾经发生过一件信息欺诈案，曾引起当时世界的震惊。当时，美国前证券投资公司业务衰落，有很大的亏损，为了补上这个亏损，他们合伙设计了一个程序，伪造账目，利用计算机伪造保险合同，破坏各个网络公司的计算机系统，然后敲诈勒索。有一家公司曾经为了让他们消除藏在计算机系统的"软件炸弹"，向他们支付了1950万美元。从1993年以来，他们先后作案40多起，共勒索6亿多美元。另外，曾经在匈牙利也发生过一个信息诈骗案件，案犯复制了一张信用卡，然后利用这张信用卡在一个月内成功取款1583次。

3. 信息攻击和破坏

信息攻击和破坏，指的是行为人以非法的手段对某些信息实施攻击和破坏的手段，这是一种信息犯罪的行为。一般情况下，行为人通常采用的是非暴力性手段，他们以计算机病毒的方式对计算机数据或程序进行攻击和破坏。这种攻击计算机程序或者数据的计算机病毒，已经成为社会一大公害。曾经，世界上第一个攻击美国军用计算机系统的15岁少年，他利用自己在电脑上的特殊才能，成功地打入了军方的内部，浏览了当时美国的核弹头绝密资料。到目前为止，世界上已发现的计算机病毒有几十万种，比较著名的有"红色警报""黑色星期五"等。这些病毒不仅给人们造成了巨大的损失，还形成一种世界性的恐慌，另外，随着社会的发展，中国在1989年也首次发现了计算机病毒感染。

4. 信息污染和滥用

信息污染和滥用，是指利用信息网络发布虚假信息、随意侮辱诽谤他人、滥用信息技术、传播有害数据等手段来进行的犯罪行为。由于这些有害数据主要是在网络上进行传播，其传播速度非常快，传播范围也十分广泛，很难确定幕后犯罪之人，难以侦破。正是由于这些特点，这些行为人也就越发目中无人，肆无忌惮。他们进行信息污染和滥用的目的有很多，不一而足。有些是为了钱财，有些则是出于非经济的目的。关于信息污染和滥用的非经济目的，也可以大致分为两类。一类是为了危害国家安全，挑起种族情绪。比如他们会在网上发布一些种族主义或者反动倾向的言论，散播恐怖主义的游戏软件等。一类是单纯地出于好奇或者是寻求刺激。比如，有一些黑客攻击某些系统，他们仅仅是为了测试自己的技术，或者是想制造一点小混乱。不过，无论他们是出于哪种目的，最终的行为都严重危害了人们的正常生产生活，应该受到法律的制裁。目前，随着网络技术的逐步发展与应用，这种犯罪行为越来越严重，已经成为一种全球性的威胁。

（二）网络犯罪的主要特征

同其他传统的犯罪行为一样，信息犯罪也是一种犯罪行为，同样会受到法律的制裁。信息犯罪是一种新型的犯罪行为，主要指那些利用信息技术实施的违法犯罪行为。目前，对信息犯罪的定义和量刑，世界各国还没有一个比较统一的标准，不同的国家有不同的看法。不过，与常规的犯罪行为相比，信息犯罪的表现行为的行为特征大致有以下几种：

1. 犯罪人员的智能性

由于信息犯罪的特殊性，信息犯罪人员并不像其他的犯罪人员那样暴力犯罪，而是往往具有比较高超的信息技术和信息操作技能。他们利用自己对信息操作的熟练性以及技巧性，通过网络直接或者间接地向计算机输入指令，篡改、伪造他人的银行账户、清单等，然后利用这些被恶意篡改、伪造的账户、清单等对其他人实施诈骗或者盗窃行为。甚至有时候，他们不是简单地为了钱财，而是有预谋地非法侵入国家或者企事业单位的相关网络信息，窃取政治、军事或者商业机密等。

2. 犯罪手法的隐蔽性

信息犯罪行为主要是在网络上利用计算机实行的，犯罪人员的直接对象是那些电子数据信息。他们通过下达某些指令或者操作某些数据和程序来对这些电子数据信息进行篡改或者伪造，从而实施信息犯罪行为。由于信息犯罪主要是在虚拟的网络上进行，而且他们的直接对象也是那些无形的电子数据信息，信息犯罪也是一种"无形犯罪"。信息犯罪的时间与空间都是不受限制的，只要有网络，他们就可以随时随地地实施信息犯罪行为，因此，信息犯罪的成功率极高。同时，信息犯罪行为并不会对机器的硬件造成任何损坏，犯罪的证据大部分藏在软件中，信息犯罪人员很容易转移或者毁灭罪证，因此，信息犯罪行为通常比较隐蔽，不易被发现、识别和侦破。尤其是当信息犯罪人员身处国外时，他们利用计算机远程实施网络犯罪，在信息犯罪实施之后往往难以追寻，增加了破案的难度。据统计，即便在美国，信息犯罪案件的破案率也不到10%，其中定罪的则不到3%。

3. 犯罪手段的多样性

随着社会不断进步，信息技术水平也在不断地发展，信息犯罪的相关案件层出不穷，作案的手段也在不断地进化。信息犯罪人员的技术水平不断地提升，衍生出了一系列的高技术作案手段，如盗码并机、金融投机、调拨资金等。曾经有一位中学生就是利用电话线进入了北美的计算机通信网络，将异常数据塞入了计算机正常运行的程序之中，使得多家企业蒙受高额的损失。

4. 犯罪后果的严重性

信息犯罪尽管并没有像传统犯罪行为那样直接侵害受害人的人身、财产安全，但是它利用网络篡改、伪造电子数据信息，所获取的钱财往往更多，给受害人造成严重的财产损失，产生的影响也更加大，不仅危害人们的财产安全，还对人们的个人隐私、知识产权甚至是给国家的安全带来巨大的威胁。美国康奈尔大学的一位研究生就利用网络将自己设计的病毒程序植入美国的计算机系统，结果导致美国航天局与军事基地的计算机全部瘫痪，造成了近一亿美元的经济损失。

5. 犯罪行为的复杂性

当前是信息化社会，各国之间的交流日益密切，全球化趋势不可逆转，因此，在网络空间内各国的交流是空前的，范围十分广泛、内容十分丰富、使用十分频繁。与传统的法律体系相比，信息犯罪更加复杂。由于信息网络是虚拟的环境，存在一些法律的空白，一些人就可能会钻法律的空子，进行信息犯罪。而且计算机只认口令不认人，只要某个人掌握了口令，那么他就可以获取到某些秘密信息，从而实施违法犯罪行为。因此，在信息犯罪案件中，行为人往往难以判定到底是谁，这给案件侦办者带来了很大的难度。

（三）虚拟世界的网络警察

近些年来，随着信息技术的发展，网络犯罪行为越来越频繁地出现，影响着人们的正常生活，不利于社会的长治久安。因此，为打击网络犯罪行为，网络警察便出现了。在现实生活中，面对传统的犯罪行为，警察会将他们逮捕归案，维护受害人的权利。在网络上，遇到网络犯罪行为，网络警察也会侦查案件，顺藤摸瓜，最终找到犯罪行为人。与现实生活中的警察一样，网络警察也是一个警种，而且是中国最年轻的警种。网络警察，全称为国际网络安全监察专业警察，他们主要在网络上行使职责，打击网络违法犯罪行为。他们身着便装，并不用枪支弹药作为武器，而是利用自己敏锐的头脑和对计算机以及网络技术的了解，在网络上与网络犯罪分子斗智斗勇。这种新型警察部队建立的主要目标就是要打击那些隐蔽的、不易发现作案痕迹的网络犯罪。

在1999年，曾经有过这样一件网络犯罪案件。某公司突然接收到一封来自湖北武汉的电子邮件，在这个邮件中，发件人对公司进行威胁并勒索天价钱财。

武汉警方成立专案组，展开全力调查。网警首先通过电信部门获取了发信人的 E-mail 地址，然后进行走访，在网吧密集的地区找到了其网络公司，最终成功破获案件，查明真相，抓住犯罪嫌疑人。犯罪嫌疑人当时选中了两家人流量非常大的网吧，在其中一家网吧注册邮箱，然后在另一家送出敲诈邮件。由于网吧人流量十分大，每天上网的人数非常多，网吧管理者也未曾逐人登记，要寻找到发信人犹如大海捞针，十分不易。侦查人员经过多天的详细调查之后才最终获得线索，成功破获这起网络犯罪案件。

同年，广东的网警也曾成功击溃一种计算机病毒的袭击，避免了人民的财产损失。当时，广州的数千台电脑突然被一种名为CIH的计算机病毒攻击，从而发生瘫痪。在这个时刻，广东网警们不眠不休，最终联合一家著名安全软件生产商成功研制出杀毒程序，防止了网络病毒的继续蔓延。

中国网络警察创立之初，就已经破获了不少网络犯罪案件，查处了不少网上色情传播活动，避免了广大人民群众的财产损失。在网络虚拟世界中，他们就如同现实生活中的警察一样守护着我们的日常生活。

网络世界虚拟而隐蔽，相比起现实世界，人们可以更加自由地相互谈论，不会受到地点、空间等的限制，给人们带来了巨大的便利，但是，正是由于它的虚拟性、隐蔽性，网络犯罪行为也是逐年飙升、屡禁不止。在虚拟世界中，仍然存在着真实的犯罪行为。正是在这样的背景下，网络警察才应运而生。在1998年2月，湖北武汉市计算机国际网络安全监察专业队伍组建完毕，这是当时全国范围内较早的网络警察，随后安徽、广东等省也相继出现了网络警察队伍。针对不同种类的网络违法犯罪行为，中国网警的职责也得到进一步地划分。有负责调查经济欺诈与犯罪的，有负责调查儿童色情网站的，有负责人身攻击与辱骂的，还有负责追踪恐怖活动的。

不过，随着网络犯罪行为的频繁发生，仅仅依靠网络警察打击网络犯罪是远远不够的，最重要的是要制定网络安全相关法律，利用法律的威慑性来从根本上明确网上违法犯罪行为的性质。网络法的制定，已经成为国际法的一个重点。目前，我国在2016年已经制定了《中华人民共和国网络安全法》，打击网络违法犯罪，保障网络安全，维护网络空间主权和保障国家安全。另外，所有的网民，无论是成年人，还是青少年，都要接受有关法律、道德以及伦理等方面的培训，强化上网的法律意识，规范网上行为，避免产生无意识的网络不良行为，同时增强防范。目前，对于网络犯罪行为的取证问题，仍然比较难以克服。因为，网上犯罪的行为容易被他人抹去或者更改，而且由于损失难以估计，有的人甚至会故意夸大自己的损失。

网络世界相比现实世界更加的自由，因此，在网络安全相关法律法规的施行过程中，一定要保证网民的自由权，要注意保护网民的相关合法权利。

三、网络环境下的知识产权

在网络信息环境，知识产权的无形性、专有性、时间性和地域性都受到不同程度的影响；网络信息的工业产权和著作权也都存在侵权和保护的问题。

网络空间环境与现实环境有很大的区别，要想加强网络信息环境知识产权的保护，就需要明确网络空间知识产权的相关概述与特点，知己知彼，才能百战百胜。

在网络信息环境中，知识产权的客体主要有三类：第一类，就是网络信息内容本身，比如一些经营秘密、发明专利、技术诀窍等。第二类，就是取得专有权利的标识、名称等，比如厂商名称、商标等。第三类，就是网络信息的表达形式，比如各种类型的作品等。由于这三类的知识产权客体不同，其所享有的知识产权也是不一样的。针对第一类和第二类客体，权利人享有工业产权，也就是权利人享有商标权、专利权和商业秘密权。针对第三类客体，权利人享有著作权。下面，我们将讲述网络空间知识产权的特点。

（一）网络空间知识产权的特点

随着网络信息技术的发展，很多事物与网络相结合，焕发出新的光彩。传统知识产权的特点有时间性、无形性、专有性、地域性等，而当它与网络信息相结合，特点也与之前有些许不同。

1. 知识产权的无形财产权性质更加明显

知识产权，是每一个人自然人都应享有的权利。与房屋、钱财等实体物品不同，它是一种无形财产权，主要保护的是权利人的智力成果，其一般是以信息、精神等形态存在。在传统的环境之中，由于权利人的智力成果是以信息、精神等形态存在，它一般要与物质载体相结合，从而形成物质与精神的统一。比如视听光盘、商标标识、唱片乐谱等，都是智力成果在物质载体上的实现。由于知识产权要经过确认、授权、处分、转移、保护等很多个环节，将它以信息、精神等形态存在的智力成果承载于物质载体之上，能够起到很重要的作用。在网络信息空间中，由于网络空间信息的存在、产生、传播、利用等条件的不同，这些智力成果并不用寄托于物质载体之上，而是表现为数字化的电子信号。相比起有形的财产，知识产权侵权的认定与保护十分复杂。在网络信息环境下，知识产权的这种"无形性"表现得更加淋漓尽致，因此，网络环境下知识产权的保护也就变得更加复杂。

2. 知识产权的地域性趋于淡薄

以前，由于各国交流并不十分频繁，政治、经济、文化等发展水平差别较大，知识产权保护相关内容也有很多不同。因此，之前的传统知识产权的各国相关法律法规具有十分明显的地域性。随着时间的推移，社会的进步，网络信息技术逐渐地发展起来，各国之间的交流日益密切，全球化趋势明显，知识产权的地域性已经逐渐变得淡薄。目前，在网络信息环境下，智力成果很容易以一个极快的速度在全世界范围内传播，其传播速度之快、传播范围之广都是传统知识产权所无法比拟的。在网络信息环境下，各国之间的界限逐渐变得模糊，智力成果可以跨越时间和空间，在不同的知识产权立法区域内存在，被不同的主体所使用。但是，到目前跨国的相关知识产权的侵权认定与实施保护在理论与实践方面仍然存在着一定的困难。不过，随着各国交流日益增加，全球化趋势不可逆转，各国知识产权的相关立法差异正在逐步减小，知识产权的地域性日趋淡薄。

3. 知识产权的时间性受到影响

知识产权只在法律约定的范围期限内是有效的，并不是永久性的。在知识产权范围期限之内，其他人想要使用权利人的智力成果，就必须取得知识产权人的同意后，才可以使用，否则就会构成侵权。当知识产权到期之后，其他人就可以无偿地占有、使用，这并不构成侵权。一般情况下，权利人因智力成果而获得的经济收入，与信息环境息息相关。在网络信息环境中，信息传播的速度快，智力成果的收益实现时间也大大缩短。但是，由于技术、知识等更新换代过于频繁，智力成果的损耗也大大增加。因此，在网络信息环境中，知识产权的时间性也受到了很大的影响。

4. 知识产权的专有面临挑战

知识产权的专有性，是知识产权最本质的特征。顾名思义，知识产权的专有性就是指权利人独自享有智力成果的权利，智力成果的专有权仅为权利主体所占有，在未经权利人许可的情况下其他人不得非法占有与使用。在网络信息环境中，由于信息流传输速度过快，传播范围很大，而且不同国家对于知识产权的法律法规存在一定的差异，知识产权的专有性受到了极大的挑战。而且，相比起实体物品，智力成果的"非物质化"特性，给知识产权的确定、使用、侵权检测等专有权的实现带来了一定的困难。网络信息化环境给知识产权的专有性带来了一定的挑战，如何保证专有性的顺利实现，如何确保它不被削弱，这是目前仍需注意的问题。

（二）网络信息环境的工业产权保护

工业产权，主要是指在工商业领域里的某些智力成果的专有权利，以及制止不当行为的某些规则，比如某些创造性构思以及特殊标志等。工业产权保护的对象有商标、厂商名称、专利、外观设计等。工业产权的相关法律法规有商标法、专利法、反不正当竞争法等。目前，在网络信息环境下，工业产权的保护问题逐渐受到人们的关注。

1. 网络信息环境下的商标权问题

在日常生活中，商标随处可见，我们穿的衣服、买的鞋子、超市购物等，在这些商品上普遍都有生产经营者的专用的标志，这些专用标志将同类商品与服务互相区别开来。对生产厂家来说商标十分重要，它是商品或服务的门面，代表着厂家的实力，体现着商品或者服务的信誉与质量。不仅是在现实生活中，在网络空间中，商标也十分重要。因此，关于商标的使用与侵权问题要时刻注意。在电子商务中，有时会有冒用商标的情况出现，商家盗用别人的注册商标或者使用与已注册商标相同或相近的情况都是构成侵犯商标权的行为。

在网络空间中，域名的使用与保护也是一个值得关注的问题。人们通过域名访问企业的主页，然后浏览网站了解企业与产品，获取产品信息，开展之后的各项服务。它与商标十分类似，都是企业的形象，很多公司的商标与域名是保持一致的，它就像商标在网络空间内的延伸。因此，世界知识产权组织（WIPO）主席Albert Tramposch形象地称域名为"电子商标"[①]。在1997年，包括中国在内的150位不同国家地区的人们签署了《Internet域名系统通用顶级域谅解备忘录》，互相之间明确了各国域名的使用规范，确认了网络域名的商标专有权。

由于域名的无形性特点，很多时候域名的某些权利会受到某些人的侵害，并

---

① Albert Tramposch. 谁来保护域名 AGP[M]. 计算机世界, 1997.45.

没有得到很好地保护。比如一些人会大量注册域名然后出售以谋取利益，而一些企业或者个人会盗用知名企业的公司名称、商标等作为自己的域名。这种抢先注册知名企业域名的行为，与传统环境中的商标抢注行为一样，都属于十分严重的侵权行为。当企业的域名被抢注以后，应该积极寻求办法，采取措施，利用法律的手段维护自己的合法权益。比如可以采取某些补救措施，给已经被抢注的商标、企业名称注册外围域名等来防止某些不利情况的发生。还可以进行反抢注申诉，就被抢注域名事件通过代理向网络信息中心提出自己的异议，最终夺回自己的域名。

2. 网络信息的专利权问题

在网络空间内，有些专利技术已经得到了专业的授权，但是还有一些发明创造成果并没有得到专利权的授权。这两部分的技术创新成果，都是网络空间内很重要的信息资源。在这些技术创新成果中，有的是直接在专利数据库或者技术成果数据库中完全显示出来，有的则是在论坛、公告、交流版块中出现的某个片段。比如，美国IBM公司已经将几十年来的发明成果资料放到网上供网民使用，中国也在网络中公开了"中国专利文摘数据库"。

随着网络信息技术的迅速发展，技术创新成果在网络世界内传播速度十分快，传播范围也越来越广，再加上专利权本身的地域性特点，技术创新成果的保护逐渐变得困难。一项技术创新成果在不同国家的是否受到专利权保护是不一致的。即便双方在同一国际知识产权条约的覆盖范围之内，也要依据国内专利的立法相关情况而定。不同国家、地区的专利相关法律千差万别，要在世界范围内完成专利侵权行为的监测与认定，并找到充分的证据，这实际上是几乎不可能实现的事情。

尽管网络的发展不利于各国技术创新成果的保护，为专利侵权行为提供了便利条件，使专利侵权行为更加难以控制，但是，还是有一定好处的。专利信息上网，有助于世界各国对技术创新成果的交流共享，能够提高技术发展水平，促进人类社会的共同进步。

3. 网络信息环境的商业秘密问题

商业秘密，就是指那些需要保密的、能够给人们带来经济利益的信息。随着社会的进步，网络信息技术极度发达，一些企业的商业秘密很容易会被其他人窃取泄露。

网络商业秘密的信息保护，其主要有两个方面，一是法律方面的保护，二是技术方面的保护。在法律方面，中国多次发布有关商业秘密的保护相关法律条例。1994年发布了《计算机信息系统安全保护条例》，1995年在《反不正当竞争法》中规定不能通过盗窃、胁迫以及其他不正当手段获取其他权利人的商业秘密，在1997年又发布了《计算机信息网络国际联网安全保护管理办法》等。在技术方面，要不断提高网络安全相关技术，采用密码技术、数字签名、防火墙技术、智能卡技术等等阻止网络信息窃取行为的发生。

（三）网络信息环境的著作权保护

著作权，就是指由人的精神创作而成艺术、文学、科学作品等有关的权利。最早的著作权主要是与纸质印刷书籍有关。后来，随着技术的发展，著作权的客体范围开始逐渐地扩大，由纸质印刷书籍到影视、录音、摄影、计算机软件等各个领域，著作权的形式载体逐渐增多。目前网络技术发展迅速，在网络信息环境下如何进行著作权保护，是我们目前要认真考虑的一个问题。

1. 网络信息化多媒体作品的著作权归属问题

在网络信息化环境中，多媒体信息逐渐增多。面对日益增多的网络多媒体作品，如何保护著作权，这是当前世界许多国家普遍需要考虑的问题。

多媒体信息是一种高度集成融合的信息，一部多媒体作品往往需要多人创作而成，创作方式多种多样，著作权十分复杂。网络多媒体信息具有交互性，可以由多个不同地点、不同时间的不同主体共同交互参与完成。而且，这项交互而成的多媒体作品也可以在不同的地点以不同的形式而存在。因此，多媒体作品的权利主体是模糊的、不确定的。另外，多媒体作品的参与人员众多，不仅仅包括多媒体作品的创作人员，还包括计算机软件的编写人员，二者的界限并不十分分明。由于多媒体作品的这些特殊性，在著作权保护法中，应该将多媒体作品作为一个单独的保护客体类型来看待，使它能够得到更加充分地保护。

2. 网络环境的复制权和翻译权问题

在著作权中，权利人最基本的权利就是复制权，权利人可以通过临摹、印刷、录音录像等方法来行使复制权。随着时间的推移，社会的进步，复制方式也在不断地发展。目前，在网络信息环境中，关于复制权的某些问题仍然存在一定的争论。在网上下载打印某个东西时，这是复制权的体现，但是将网络作品调入用户计算机并显示在屏幕上是否构成复制，其答案尚不清晰。而且由于网络信息环境的特点，复制的行为实际上很难控制。要解决这些有争议的问题，主要可以从两个方面下手：一是要提高个人复制技术，做到真正地控制复制技术。二是要统一立法，从法律层面解决复制权方面的争论。

著作权人对其作品享有演绎使用权，其中翻译权便是演绎使用权之一，即著作权人可以自行翻译其作品，也可以允许他人翻译其作品。当今世界交流日益增加，全球化不可逆转，在全球化的今天，翻译极其重要。但是，在网络信息环境中，不同国家的语言文字转换之间也存在翻译侵权问题，这是要时刻注意的。另外，有些网络自动翻译软件翻译出的译文意思与原文有着很大的差距，这不仅涉及了翻译权，还涉及著作权人身权中保护作品完整权的问题。

3. 网络数据库的著作权问题

同其他作品一样，网络数据库也属于"作品"，也应受到著作权的保护。不过，对于数据库在作品中应该归到哪种类别，人们还存在一些分歧。对网络环境数据库来说，著作权的保护主要有两个方面，一是保护数据库中存储的信息，二是要保护数据库本身。数据库的制作者就是数据库作品的著作权人，他享有著作权人的一切权利。在网络空间内，非法篡改、拷贝、使用数据库中的数据进行某些不当的行为，不仅侵犯了数据库的著作权，还触犯了商业秘密法、反不正当竞争法等法律法规，甚至还有可能触犯刑律。在制作数据库的过程中，当早期选取某些资料或者数据时，要尊重原作品著作人的权利，不能侵犯原作者的著作权。

四、网络社区的法制建设

随着网络信息技术的发展，越来越多的人进入到网络之中，网络逐渐变成了另一个虚拟的"社会"。在这个数字化的全息社会中，人们固有的一些思想价值观念、社会意识形态、生产生活方式等都会遭受前所未有的冲击。对国家来说，如何维系好现实生活与虚拟生活的秩序，如何再造法律制度的新权威，这是当前比较急迫的问题。要建设法制化网络社区，就需要从法制化管理的角度去探讨问题，针对网络虚拟社区中的法律问题以及网民的某些涉法行为，提出具体措施，真正地把握数字化生存的内涵，建设好一个法制化的网络虚拟社区。

（一）网络虚拟社区的法律性质、地位及作用

社区，是人们聚集的地方。网络虚拟社区，是一些通过计算机互相沟通交流的人们聚集的网络空间，在这个网络空间内，人们自动聚集并参与各种活动。人们或许是有着共同的兴趣爱好，或许是有着相同的目的，然后最终聚集在一起互相交流谈论。学术界将网络虚拟社区大致可分为四类，即交易社区、兴趣社区、关系社区、幻想社区。这些社区具有不同的功能，吸引了四面八方的网友们。在虚拟社区中，有一些同传统社区相类似的规定要素，如有一定的地域，有一群聚集的人，有某种社会规范或行为准则、有一定的服务设备等。随着网络虚拟社区的不断发展，网民群体的人数将会日益增多。

这些网络虚拟社区，都是由特定的管理者在网络服务器上预设好计算机的内存空间，并在网络中开设窗口，实现的"人—机—人"的对话行为模式。比如聊天室、BBS、邮件列表等。从法律性质上来看，人们通过网络作为载体来进行相互交流、沟通，这种交互式的社群活动实际上就是一种看似无形却实质有形的公众论坛。在网络虚拟社区中，人们发言、讲话的目的就是互相交流思想、看法，找到与自己观念相似、志同道合的人。因此，从某种意义上看，这个网络虚拟社区，不仅是社会学范畴内的亚文化群体，而且是法律意义上的准社会团体。

随着网络信息技术的发展，网络虚拟社区不再是一个虚拟化的概念，而是一个活生生的准社团结合体。在网络虚拟社区中，天南海北的人们可以沟通和交流，这种沟通不仅打破了时间与空间的界限，还可以实现线上与线下的互动结盟。这种精神与物质的双重力量，如果一旦发生对流碰撞产生某些负面影响，会给现存的社会秩序与法律秩序会带来极大的冲击。科学技术是把双刃剑，网络虚拟社区在给人们带来便利的同时，也给社会带来了一些负面影响，比如网络违法犯罪行为的发生。我们要正确看待网络虚拟社区的优点与缺点，扬长避短，从法学的角度认识网络虚拟社区的性质、地位和作用，促进我国网络事业健康发展。

（二）"网民"涉法行为的类型和特点

关于个体行为。一般说来，网络虚拟社区的个体居民，依其主观心理状态，涉法行为大致可分为以下类型：

1. 无知失足型

此类情形主要源于那些既对网络表现出极大兴趣、但又是法盲的网民行为。如本着猎奇、逗乐、表现自我或满足自身欲求的愿望，而在发帖、跟帖或者是交互式信息发布过程中做出违反法律、法规禁止规定的行为、举动。此种行为也可称之为"善意"的越轨或违法。

2. 以身试法型

这种涉法类型主要是发生在那些对法律法规十分熟悉的人身上。他们十分熟悉法律规定，相对而言思想层次也比较高，但是他们轻视法律，意图故意逃避法律来实现自己的某些利益。由于现在的网络监管并不是十分的规范，因此有一些人会在有意识地做出某些违法违规行为之后，采取某些措施故意逃避法律的监管，这就属于"以身试法型"的涉法行为。

3. 故意抗法型

"故意抗法型"顾名思义，就是知法犯法，对法律法规，某些人并不遵守，反而恶意地践踏、破坏。这种涉法类型主要是发生在那些对现行法律法规怀有敌视、不满情绪的网民身上。他们会恶意地采取某些不法行为来煽动公众情绪，诽谤他人等。相比起前两种，这一类网民的社会危害性极强，给社会公众造成了不良影响。

网络虚拟社区的个体居民，依其不良行为的具体发生过程，也会形成以下特点：

一是行为需要及行为动机的不良性。部分上网的网民，是本着寻求可以在现行法律规制以外满足其非法或不合理、不道德的需要，如追求刺激、宣泄私欲或发泄对社会的不满情绪、玩弄或欺骗异性、编造谣言以谋取不法利益等。这种不良的需要、动机会促使其在进行如聊天、信息发布等活动中采取不正当的手段和方法，并最终引发违法甚至犯罪的结果。

二是行为模式选择的避法性。怀着不良动机与追求不良需要的网民，往往在其行为模式的选择上会采取规避法律的方法进行。如提供虚假个人登记信息以干扰正常的网络管理秩序；如通过不断变换用户名称或以其他网民名称，或以不同 IP 地址进行如虚假、不法信息的发布及传递；如通过境外代理服务器进行上述活动；等等。

三是行为结果的非法性。正因为受不良行为动机和需要的驱使，加之避法行为模式的选择使用，故一些网民的行为结果不可避免地带有非法的成分或色彩。

居民个体的涉法行为，在很大程度上还受制于法律的监管力度或干预范围、个人的行为价值观，以及与其他网民的交互关系等因素。因此，对群体涉法行为的研究将比单纯针对个体行为的研究更有价值和意义。

关于网络虚拟社区的群体涉法行为，一般具有以下特点：

一是主体价值取向的"灰色互动"。由于网民能以匿名、隐名形式生活在虚拟社区中，这使人性的弱点能在网络时空中不加限制地暴露与放大，人的避法潜能也会因网络社区的环境、氛围适宜而得以充分地发挥。如果法律的硬件控制不能占据主导地位的话，那么网民们很可能因为价值取向的模糊化或者弃善从恶而呈现出一种群体意识流的"灰色互动"情结。这也就是为何不少网上聊天室、论坛中充斥着低级趣味、不良言行的原因之一。特别当"灰色互动"为某一虚拟社区群体共同接纳认可时，网络法律问题的出现自然事出有因了。

二是群体失范的叠加效应。由于网络天生具有开放、自由、平等、互动的特性，所以，虚拟社区的网民群体既可以从善也可以向恶。但是，如果当非主流性意识形态占据上风，尤其是当那些持有反政府意识或不良道德意识的网民成为把持或统领的时候，网络虚拟社区就成为一种传播有害信息的"帮凶"，不利于社会健康、和谐地发展。而且由于网络虚拟社区的群体基数很大，范围也比较广，这种网民群体的失范行为就会呈现出一种叠加放大的共生效应。

三是群体结盟的多样性。在网络虚拟社区中，人们有着各种各样的目的，他们通过网络虚拟社区来互相交流、沟通，从而组成一种有共同理念与价值观的亚文化群体。他们不仅在线上交流，还可以聚集到现实生活环境中进行网下结盟，这给现在的社会组织管理形成了一种强有力的冲击。通过邮件、BBS、论坛等网络虚拟社区中某些暗示的联络方式与场所，这些不同地点的人们在现实生活中聚集在一起，将有可能成为信息时代网络监管的一大难题。

总而言之，在网络虚拟社区中，由于身份主体的复杂性，行为互动的隐匿性，无论是个体还是群体，都有可能产生某些不良的社会问题，给社会带来某些不好的影响。而且在网络虚拟社区中还容易发生群体失范效应叠加作用，不利于网络法律监管的施行。中国的法制现代化离不开清洁、健康的网民群体，目前，对网络虚拟社区的法制化管理尚在施行之中，要建立一个积极、健康、良好的网络虚拟社区，不仅需要网民群体自发性的支持，还需要法律的监管。对法律学者来说，如何规范管理网络社区，是当前需要仔细考虑的问题。

（三）网络虚拟社区的法制管理

随着网络信息技术的发展，网络虚拟社区的人数将会日益增加，它正成为一种人们生活中必不可少的社群活动方式。随着网络社区人数的增加，各种网络上的相关法律问题也在逐渐显露出来，网络社区的法制化应该逐步提上日程。如何实现网络虚拟社区的法制化，规定好网民的权利与义务，以及应该遵守的法律规范与行为准则，这是目前全世界都在探索的课题。现在，有一些信息大国逐步推出了比较有益的立法举措，中国也不堪示弱，连续制定了一系列的法律监管措施，填补了网络虚拟社区中法律相关的大部分空白，网络虚拟社区逐渐变得有法可依、有章可循。下面，我们首先了解一些美国关于网络虚拟社区方面的规定，然后结合中国的立法动态，对现在网络虚拟化社区的法制监管的现状有一个大致了解，并分析其具体特点。

首先，我们要介绍美国网络虚拟社区方面的相关法律规定，对其进行一个简单了解。在 2000 年，美国《新闻晨报》专门刊发了一条新闻，要加大管理力度，整顿清理网上的 BBS。BBS 就是电子公告板系统，也就是网络论坛。尽管美国始终强调民主与自由，但是面对问题频出的网络虚拟化社区也不得不制定一些比较严格的法律法规，以保证网络虚拟社区安全、平稳、有效地运行。当时，美国许多知名网站都提供讨论论坛，供人们进行讨论，有助于人们之间的交流分享。但是，还有一些网站中存在着一些不良的行为，不利于友好网络社区的建设。网站的许多管理人员认为，要治理好网络虚拟社区，就需要设置一定的管理措施，甚至是关闭某些不符合规范的网站。在这种情况下，美国各大网站都出台了一些网站管理措施，这些管理措施主要表现在以下三个方面：

一是制定发帖的规则。当发帖人进行发帖时，要注意内容来源是否合理且真实，对发帖的信息，发帖人要承担全部责任。在网站论坛中，不能骚扰、威胁别人；不能进行违法犯罪活动；不准张贴广告、推销产品；不能重复张贴；不能张贴、传播具有辱骂、诋毁、诽谤等性质的信息；不能公开发布别人的姓名、电话、住址；等等。

二是网站要实时监控，删除违规信息。当发帖人做了某些不符合网站规定的行为之后，网站有权力删除违规信息并取消违规者张贴信息的相关权利。

三是接受举报，制止违规行为。针对《洛杉矶时报》网站"论坛"存在着严重的违规现象，曾被责令暂时关闭。我们可以看出美国在大力发展网络事业的同时，也在逐步推出规范管理网络虚拟社区的各种举措。除以立法手段规制各种新型社会关系外（如以联邦政府于1998年出台《千禧年数字著作权法》为典型代表），还大力倡导由网络运营企业自行制定自律性的监管规定的行业管理模式。

其次，需要了解中国对网络进行立法管理的最新动态及其总体特点。

中国的网民人数2002年1月超过3300万。面对如雨后春笋般崛起的各类网站，以及政府上网工程、企业上网、家庭上网工程的蓬勃开展，对网络虚拟社区的监督管理已成为党和政府以及全社会共同关注的热点问题。近年来，中国先期出台了《电信条例》与《网络信息服务管理办法》，这标志着中国的网络信息管理已从管制向管理和规范过渡。另外，国家还制定了《网络内容服务管理办法》，来监督管理网络上的有关内容，防止有害信息对社会产生危害。在这个管理办法中，还规定了信息服务的提供者不能制作、复制、发布、传播九类信息。针对该管理办法，信息产业部还出台了相关规定来辅助实施。全国人大常委会正在加紧审议《关于维护网络安全和信息安全的决定草案》，拟定针对十五种新型网络犯罪行为进行刑事制裁。由此可以看出，中国的网络全面立法管理已经进入实质性阶段。

一是针对网络虚拟社区规范管理的总体规定。国务院、工业和信息化部等发布了多个规定、办法，针对公民的上网活动做出了一些管理规定，这些管理规定涉及多个方面，如公民网上言行、新闻登载业务、网站经营管理等。

二是网络虚拟社区规范管理的总体特点。从中国网络管理的相关立法情况来看，目前中国正着手构建网络虚拟社区的法制管理新框架体系。这个法制管理新框架体系以公民的网上言论发布情况与行为作为切入点，以网络法律规范为根本准则，从规范网站建设与运营活动入手，试图监管网上各类行为主体的行为活动。虽然，新近推出的有关法律、法规还有待进一步发展完善，以期更加适应于高速行进中的中国网络的具体实践与特点。但是，归根结底，中国的网络虚拟世界已正式被纳入法制轨道。

第六章 人工智能社会学理论分析与实践探索

本章为人工智能社会学理论分析与实践探索，主要包括三节内容，依次是第一节人工智能社会学概述、第二节人工智能与社会关系、第三节人工智能社会风险的社会治理。

第一节 人工智能社会学概述

一、人工智能的界定

（一）人工智能的概念

"人工智能"这个词由达特茅斯大学助理教授约翰·麦卡锡（John McCarthy）在1956年提出，作为一种统称，AI可用于指代可体现出智能行为的硬件或软件。中国人工智能学会前理事长、北京邮电大学钟义信教授认为，人工智能是研究智能程序的科学，研发各种智能机器，主要用来扩展人类"解决问题的能力"。需要注意的是，不能一提到人工智能就想到机器人。人工智能与机器人是两个有联系但是有差别的概念。机器人可以看作是人工智能的一种智能产品形态。为了更好地理解人工智能这个概念如图6-1-1所示，我们可以将人工智能按照能力延伸方向的不同划分为四个象限。首先我们可以将目光聚焦于这张图的中间—人工智能，然后以此为中心，将人工智能的能力向水平和垂直两个轴进行延伸。向上代表人的脑力，对应的行业术语叫作"神经网络"；向下代表人的体力，对应的行业术语叫作"机器人"；向左可以代替人，对应的行业术语叫作"智能化"；向右可以辅助人，对应的行业数据叫作"增强化"。由此，我们得到四个象限：在智能化和神经网络这个区域，AI的典型应用具体涉及文本识别、图像识别、语音识别、自然语言处理、智能声音合成等应用。在增强化和神经网络这个区域，主要涉及智能商业应用、个人智能助手等应用。在智能化和机器人这个区域，主要涉及智能制造、服务机器人、自动驾驶和无人机等应用。在增强化和机器人这个区域，主要涉及可穿戴设备、AR/VR、智能家居等应用。由此可见，人工智能作为一门学科，具体指的是研究智能程序的科学；人工智能作为技术，具体指可体现出智能行为的硬件或软件。

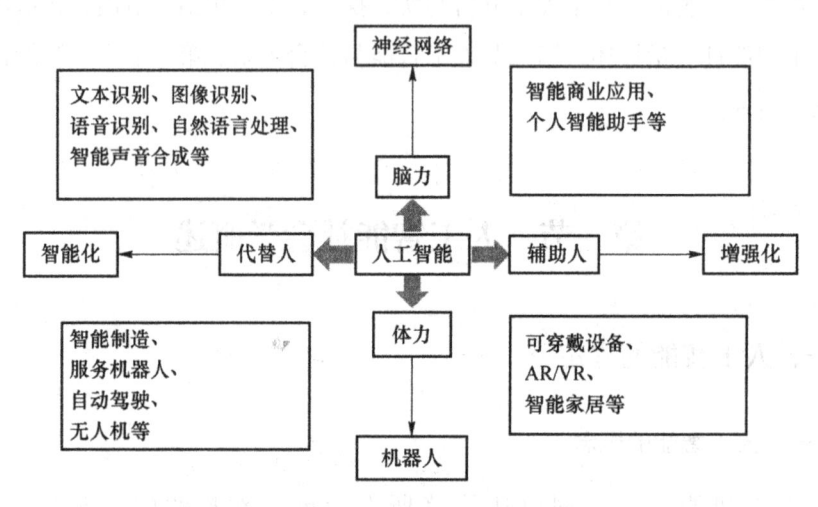

图 6-1-1 人工智能按能力延伸的方向分类

（二）人工智能的分类

百度李彦宏在《推动新一代人工智能健康发展》一文中提及了人工智能的分类问题，他认为"人工智能发展包括弱人工智能、强人工智能和超人工智能三个阶段。虽然强人工智能和超人工智能距我们尚远，但我们应运用前瞻思维深入思考未来可能出现的突出问题，如人工智能是否安全可控、人会不会被机器取代、人与机器的责任如何界定等。"[①] 借鉴李彦宏对人工智能的分类，从目前全世界研发现状看，人工智能按能力可分为三类：

1. 弱人工智能

即擅长于单一方面的人工智能，如我们手机的语音助手、导航系统、智能翻译等。

---

① 李彦宏. 推动新一代人工智能健康发展 [J]. 智慧中国，2019（08）：41-42.

2. 强人工智能

强人工智能即能够达到人类级别的人工智能，这个级别的人工智能和人类的各个方面的能力基本没有差别，可以思考、计划、解决问题、抽象思维、快速学习等各种能力和操作，达到这一阶段还有很多技术难题要攻克。就这二者而言，"弱人工智能"所指的是能够在行为上表现得类似人类的智能系统，但其实它们并没有意识；而"强人工智能"则指的是那些真正具备思维能力和认知状态的系统。事实上，我们需要注意的是，弱人工智能其实并不那么弱。这种"弱"是根据人工智能无法复制人类大脑及其意识推断出来的结论。例如，我们人类可以通过前后文语境很轻松地识别出"抱负"和"报复"这两个词，但是对于人工智能系统而言，它并没有像人类那样依靠前后语境来理解区分，而是依靠统计分析大量文件数据去辨别。因此，正如国际象棋大师卡斯帕罗夫所言，"人工智能世界，尽管对比赛结果、对世界的关注程度很满意，但深蓝本身，却和人工智能前辈们几十年前所想象的，能够成为国际象棋冠军的那个梦想机器相去甚远。这台计算机无法像人类一样思考或下棋，它没有创造力和直觉，相反他们看到这台机器只是每秒钟系统性地评估两亿种可能的下法，最终通过蛮力计算获得了胜利。"[①] 由此可见，人工智能在某些能力方面并不弱，反而是比人类智能强很多，只是评判的标准视角不同而已。

3. 超人工智能

知名人工智能思想家尼克·博斯特罗姆把超人工智能定义为"在几乎所有领域都比最聪明的人类大脑要聪明很多，包括科学创新、通识和社交技能"。这种类型的人工智能更多出现在影视作品中，正如《爱、死亡和机器人》第一季第 2 集《三个机器人》所描绘的一样。人工智能革命是从弱人工智能，通过强人工智能，最终到达超人工智能的过程。

（三）人工智能的成果

我们可以将技术界定为"为了完成某项特定的任务而应用知识的某种设备或者技巧方法"。一般而言，技术包含三个要素：第一，技术是非人体的实体。虽然人的手、腿等可以被用来完成某项特定的任务，但是它们显然不属于技术范畴。

---

① 理查德．萨斯坎德，丹尼尔．萨斯坎德．人工智能会抢哪些工作 [M]．杭州：浙江大学出版社，2018．

通常，我们将技术视为某种物理性存在的设备，其实，正如前述定义所示，技术既可以是某种设备，同时也可以是某种无形的技巧或方法。第二，技术需要应用知识。例如，手机技术就需要应用电学、电工学、电磁学、声学、图像处理、软件编程等领域知识。第三，技术可以被用来做某种事情。显然，人工智能具备上述关于技术的三个要素。例如，人工智能技术可以帮助人们实现自动驾驶、新闻写作、远程医疗诊断等工作。当我们探讨"影响"时，我们可以从输出成果（output）、结果效果（outcome）和影响作用（impact）三个层面来理解，具体到人工智能的社会影响，我们将分别从人工智能在各个领域的成果，运用人工智能在各个领域的成果所带来的积极和消极的结果，以及人工智能在各个领域中的实际应用对社会关系社会结构等带来的影响进行探讨。

1. 人工智能在人类社会各个领域的成果

人工智能的影响涉及人类社会的多个领域。如果以人类的生活为主轴，那么，我们会发现，人工智能对人类社会的影响主要体现在家居、出行、工作、学习、休闲、消费、医疗、传播。

（1）家居

例如，Google 曾经花费 32 亿美元收购 Nest 这个由"iPod 之父"法德尔创立的智能家居公司。随着 AI 技术在家居场景中的持续应用，智能家居成为所有人关注的焦点之一。随后，科技巨头及创新型公司纷纷从自身优势出发，强势介入智能家居领域，包括以手机为中心的苹果 HomeKit、华为 Hilink、小米米家，以科技赋能为中心的华为 Open Life 等各种智能家居设备公司。与此同时，随着智能家居从单品时代迈入场景时代，在基于人工智能与大数据的智能场景下，未来家电的互联互通可以带给人们更加超凡的智能体验。居住环境的智能化、营养健康监测与识别、家政服务机器人等都成为智能家居应用的成果表现。

（2）出行

马斯克认为 Tesla Model X 就是一个汽车形式的计算机，可以把它称为机器人，不止 Tesla，每辆新车都是一个机器人。当然，人工智能在出行领域中的应用并不仅仅只是自动驾驶。智能即时交通、智能交通管理、智能行程管理等也在逐步成为现实。

(3）工作劳动

例如，eBay 有一个 Shop Bot 系统，它可以更快、更无缝地实现搜索、比较以及购买商品。这款机器人拥有强大的机器学习能力，可以根据用户购买历史或商品搜索历史，为用户提供更有针对性的购物推荐。人工智能通过提升生产率、利润率，升级生产过程甚至重构产业部门，从而在工作和经济活动场景中的应用最为广泛。

（4）教育学习

在国务院发布的《新一代人工智能发展规划》中，提到了"智能教育"，其中包括智能技术在推动人才培养模式、教学方法改革，构建包含智能学习、交互式学习的新型教育体系中的应用；智能校园建设中将人工智能融入，可以在教学、管理和资源的建设等方面全流程使用；开发智能教育助理，将教育分析系统建立得智能化、全面化和快速化等。通过对人工智能技术的应用，建立起以学习者为中心的教育环境，能为用户精准推动教育服务，为人们定制日常教育和终身教育。

（5）休闲

例如，Air Hockey Robot EVO 系统是一套桌面冰球游戏系统，它是由 Arduino、皮带轮、挡板以及许多可以 3D 打印的部件组成。它可以通过检测冰球和球拍的位置，实时计算出预测的轨迹并即刻做出相对的反应。总之，人工智能通过诸多应用影响了休闲活动的内部技术要素和外部技术要素。

（6）消费

当然，消费所涉及的方面很多，如果按照消费场景来划分，太过繁杂。我们将其分为线上和线下，相对简单可操作一些。即线上和线下，包括中间环节的物流领域。例如，德国初创公司 Pro Glove 开发的智能手套有许多传感器，可让制造工人和物流工作人员更快、更安全、更容易地工作。流程步骤可以被记录下来，而智能手套也会给用户提供即时反馈。可穿戴设备也正日益被用于监控和确保工人的安全。

（7）医疗

AI 技术在医疗领域的应用是当前比较受到关注的领域，人们十分期待人工智能将医疗的技术和服务水平提高。比如，2018 年 6 月 29—30 日，首场神经影像领域的"人机大战"开启，并且受到行业内的热情关注，经过激烈的角逐，医疗

AI在脑肿瘤和脑血管影像判读比赛中以高出20%的准确率战胜了医学界的"最强大脑"。"Bio Mind 天医智"掌握了北京天坛医院近十年来接诊的数万余神经系统相关疾病病例影像，其脑膜瘤、胶质瘤等常见病领域的磁共振影像诊断能力已经达到十分高的水准，相当于一个高级职称医师的水平。另外，人工智能在医疗领域中的检测、服务、操作、管理等方面都可以实际应用。

（8）传播

人们对传播（communication）的理解比较多元，既可以包括一对多的大众传播，也可以包括一对一的人际沟通与交流。AI在传播领域的应用包括这两个方面。

我们在此举一个人际沟通方面的例子。日本丰田汽车公司曾发布一款小巧的名为"迷你Kirobo"的聊天机器人，可以放在手掌上，能说用户喜欢听的话。这款机器人可以识别用户的面部表情，推测用户的心情，然后说出贴心话并做出相应动作。它还能记住用户的喜好，比如喜欢吃什么，还能记住和主人一块儿去过的地方，并把这些记忆用在聊天当中。

如上所述，我们分别从八个生活场景的角度探讨了人工智能的影响，当然，这些仅仅只是人工智能社会影响的第一个层面。

2. 运用人工智能在社会各个领域的成果带来的积极和消极的结果

我们已经了解了人工智能技术在人类社会生活（我们冒着将社会视为涵盖人类一切生活领域的风险）领域中的应用成果这一层面的影响。显然，这些成果在使用中会给人类的生活带来各种变化。例如，在智能出行领域，智能自动驾驶的引入给人们的出行生活带来了便利，但是同时也出现了因为技术原因而导致车损人伤的事故等消极的结果。

3. 人工智能在各个领域中的实际应用对社会关系等方面带来的影响

在上述两个层面探讨的基础上，我们仍然可以更进一步去分析人工智能在各个社会领域中的实际应用对社会关系、社会结构等带来的影响这一层面。以智能家居领域为例，智能扫地机器人的应用已经给传统家庭的性别分工、家庭中的两性关系等带来影响，我们将在后面章节进行探讨。谈及人工智能的社会影响，我们可以从人工智能在各个领域的应用成果，运用人工智能在各个领域的成果所带来的积极和消极的结果，以及人工智能在各个领域中的实际应用对社会关系、社会结构等带来的影响进行探讨。那么，该如何看待这种社会影响？有的人倾向于技术乐观主义，认为人工智能技术将会帮助人类社会解决近乎任何问题；有的人则倾向于技术悲观主义，认为人工智能技术可能会给人类带来毁灭等灾难性后果。我们在此分享一种更为辩证的视角，可以从两个维度来看待这个问题。第一个维度是人工智能技术影响的维度，我们可以将其视为一种连续统（continuum），一端是乐观主义，另一端是悲观主义，正如前述，某些人持有乐观主义的观点，某些人则站在悲观主义的一端。第二个维度是关于人工智能技术影响的原因维度，我们也可以将其视为一种连续统，一端是技术决定论，比较强调技术的自主性和独立性，认为技术能够掌握主宰社会命运的能力。这种观点确实肯定了技术的重要作用，可以对人类社会的政治、经济和文化等各个方面产生影响，但是认为会主宰社会却是一种极端的说法，是对其他因素的社会影响的忽略。例如，认为人工智能技术带来失业等。另一端是社会决定论，强调正是基于在某种社会结构内的人类选择决定了技术的社会影响。此外，每个连续统都有一个中点，代表着对人工智能技术的影响和原因的一种更为中和的观点。如图 6-1-1 所示，围绕着人工智能技术的社会影响以及对这种影响原因的思考，出现了乐观主义和悲观主义，技术决定论和社会决定论等不同的观点。如图 6-1-2 所示，给我们揭示了如何更为辩证、客观地去看待人工智能技术的社会影响。

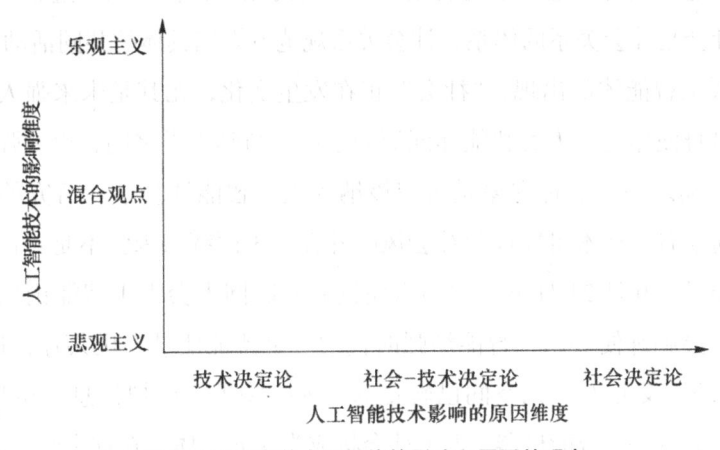

图 6-1-2　有关人工智能的影响和原因的观点

此外，探讨 AI 技术的社会影响，首先我们得注意区分 AI 的内在功能（functionalities）和 AI 的可用性（affordances），即人们对 AI 技术的使用与否。其次我们得注意区分哪些是人们因使用 AI 而带来的广泛变化，哪些是人们对这些变化所作的价值判断。对于前者，例如，AI所带来的自动化、透明化、创新等社会变化几乎不会有什么异议，但在如何看待这种变化以及变化的程度、好坏等方面却存在或多或少的争议。

二、如何理解人工智能社会学

（一）社会及社会学

人工智能的基本概况我们已经了解了，对人工智能社会学的了解首先要明确一个概念，即"社会学"。

社会学中，"社会"这个词语是由英文society翻译过来的。人与人之间的关系组成了社会关系。社会的概念用马克思的整体论来说就是社会是人们交互作用的产物，这种社会不要求其形式。"生产关系总和起来就构成所谓社会关系，构成所谓社会。"[①] 社会的本质从一般意义上来说，就是人们通过交往而形成的社会关系的体系。社会主要包含以下三点含义：①有意志的个体组成了社会，社会可以说是人类共同生活的结合体，因此，社会也可以称为是人的社会。②有意志的个体经过活动形成了社会，社会是一个互动的体系，人们之所以形成社会就是由于共同的兴趣和结合一起带来的利益。③一定的相关社会关系经过积累和联结形成社会，社会是社会关系的体系，社会关系规范着人们具体的共同活动。

随着人工智能体的出现，"社会"正在发生变化，尤其是未来强人工智能的出现，其自身便作为与人类智能体同等的主体参与到人类之间，以及强人工智能体之间的互动之中，这种现象是否应该纳入人工智能社会学者研究的视野当中呢？就目前来看，技术可能性与社会风险并存，未雨绸缪未尝不是一件好事。对此，在2019年10月21日举办的第六届世界互联网大会人工智能论坛上，中国科学院院士吴朝晖便表示，智能增强时代的一个特征便是人机共存，近百年来，"人类+物理"交互的二元空间已转变为"人+物理+虚拟信息"世界；现在，再加上一个主体——智能机器，人类社会将成为四元主体。在这个转变过程当中，人和机器的关系、人与人之间的关系等，都需要重新定义和思考。

在人工智能技术的影响下，社会结构正在发生迅速且很大的变化。"人—

---

① 马克思，恩格斯. 马克思恩格斯选集（第1卷）[M]. 北京：人民出版社，1995.

人""人—机器"的社会结构,逐渐过渡为"人—人""人—智能机器—人""人—智能机器—机器"的社会结构。人与人工智能体包括合作、竞争、冲突等在内的各种性质的社会关系,以及工作场景下的同事关系,社会交往中的婚姻关系等都已经或正在成为现实,给现有的社会关系和社会结构带来了新的因素,人们将不得不学会与有智能的机器相处,并适应这种变化了的社会结构。

(二)什么是人工智能社会学

人工智能社会学把人工智能看作一种特定的社会现象,运用社会学的观点和方法,研究人工智能技术与社会相互作用,协调发展的社会科学,是人工智能科学与社会学的交叉学科。人工智能社会学的主要研究内容如下：

1. 社会对人工智能的影响

社会对人工智能的影响,即影响人工智能发展的社会机制。社会对人工智能的影响包括两个层面：其一,对人工智能技术研发中的社会因素的考量,尤其是对社会心理的捕捉和参考,应用层面的技术研发尤为需要注重这方面的因素。其二,包括对人工智能在技术落地中的社会影响因素的分析和探讨。例如,人脸识别技术在落地应用中的遭遇等。据报道,在瑞典的一所高中,就对学生的出勤上课情况的记录就采用了人脸识别系统,但是这项技术的应用被很多人认为是对学生个人信息的侵犯,不符合欧盟《通用数据保护条例》的规定。根据这项条例,瑞典的数据监管机构对学校进行了罚款,罚款数额为20万瑞典克朗,折合人民币14.7万元。另外,在美国的纽约州北部的洛克博特市,有一所学校本来打算将国家发放的补助金140万采购一批监控摄像头,并在学校安装时打开其人脸识别系统,这样是为了监测学校潜在的罪犯,这项计划也别叫停。2019年5月,美国旧金山监事会通过投票决定禁止旧金山的警方启用人脸识别软件来查找罪犯,旧金山也成为美国第一个推出人脸识别禁令的城市。

教育部科学技术司司长雷朝滋在接受记者采访时表示："(对于人脸识别技术应用)我国高校要加以限制和管理。现在我们希望学校非常慎重地使用这些技术软件。"[1] 由此,我们可以发现,人工智能技术在研发和落地应用中会受到不同社会文化因素的影响,而这些恰恰是人工智能社会学需要思考和研究的对象。

---

[1] 中国青年报. 人脸识别技术进校园教育部：加以限制、管理 [EB/OL].[2019-09-11].https://baijiahao.baidu.com/s?id=1644339492947027550&wfr=spider&for=pc.

2.人工智能对社会的影响

人工智能对社会的影响，包括人工智能技术的社会功能及在落地应用后所产生的社会后果。这也是本书着重探讨的内容，包括前述的人工智能社会影响的三个层面。例如，前述人工智能在人们八大社会生活领域的应用及其表现，应当被人工智能社会学的研究者关注和思考。总体而言，人工智能在社会各个生活领域中的应用，促进了智能社会的建设。

帮助建设安全便捷的智能社会。人工智能的应用应该以提高人民的生活水平和质量为目标，要在全社会形成一个全方位的智能化环境，将智能化的水平全面提高。人工智能现在逐渐代替了一些简单性、重复性、危险性的工作任务，这样释放了人工，让人们创造出更多的事物和技术，就业岗位的舒适度也随之提高。如果将社会治理的智能化水平大幅提高，那么我们就会有一个更加安全高效的社会。例如"AI"换脸很可能会造成用户的隐私泄露，用户使用支付宝或者商业银行的网上平台刷脸支付，很有可能被黑客盗取资金，账户也就存在很大的风险。

生物的特征数据具有唯一性，但是如果被窃取，被非法利用，那么会造成一系列的安全事件。

当然，有关人工智能的社会影响还有很多，我们会在后面的章节中继续探讨。人们需要了解的是，人工智能社会学的研究内容应当包括上述两个方面的内容，应该超越"媒介—社会"的二元论思维。

三、智能社会的越轨行为与社会控制

（一）人工智能与越轨行为

人工智能（包括智能机器人）会有越轨行为吗？整体而言，人工智能的越轨行为有两种情况。

1.人工智能自身作为越轨行为的主体

人工智能成为越轨行为的主体，我们可以从现实和未来发展两个层面来分析。

首先，就技术发展的现实角度而言，限于技术成熟度，人工智能体还难以作为越轨行为的主体，但从一些媒体报道的案例中，我们可以发现智能体作为行为主体的端倪。例如，2016年，在深圳举办了第十八届中国国际高新技术成果交易会,在交易会上,一台名叫小胖的机器人由于发生故障,失去控制自行打砸展台玻璃,而且还砸伤了一名路人,这就是典型的智能越轨行为。

其次,有关专家就 AI 技术的未来发展提出,到 2040 年,机器人犯罪率会超过人类,机器人成为犯罪的主体。智能机器人随着科技的不断进步会变得越来越智能,越来越强大,人们已经对机器人发展的负面影响加深了关注度,引起了警觉。

2. 人工智能被他人利用做出越轨行为

(1) 人工智能被黑客入侵控制做出越轨行为

AI 作为一项 ICT 技术,帮助人们生活变得更加方便美好的同时也有可能被人们拿来作恶。对机器人的掌控只需要熟悉使用操作系统就可以将其控制,就像手机和电脑一样,只要连接了互联网,就很有可能会遭到黑客的侵入。一旦被黑客侵入,他们就能彻底将机器人控制,只需要发出指令就可以做出一些违法的事情。比如,如果犯罪分子劫持了无人价值的汽车或者无人机,将机器人的程序重新编程,就能操作这些机器做出违法的事情。

(2) 人工智能所收集的用户资料被非法交易用来牟利

在智能社会,非法交易用户的资料等一些隐私信息来谋取利益就属于越轨的行为。比如,著名的美国机器人制造公司 iRobot 的 CEO 表示,家居布局的数据可以将很多智能家电连接起来,这样可以促进智能家居的生态更加完整,iRobot 公司已经计划在未来会将家居布局的数据资料出售给谷歌、苹果等公司。人们对 iRobot 公司提出的计划纷纷表示反对,因为担心自己的信息数据也会被公司用来交易,后来 iRobot 公司的代表和公关部表示用户的个人信息数据不会被出售。其 CEO 在发表的一封信中表示,由其设备收集的信息"需要由客户控制,而不是作为公司的数据资产来利用"。[①] 越来越多的家庭开始使用智能家居设备,因此在使用的过程中设备也会将用户和家庭行为记录储存,当然这些数据只会掌控在用户手中,产品设备的公司没有权力拥有和处置,更不用说交易,但是在以上的案例中还是存在交易人工智能收集用户资料的风险。这也可以称为智能社会的越轨行为。

---

① 互联网.iRobot 表示不会出售数据给苹果等公司 [EB/OL].[2017-07-31].http://robot.ailab.cn/article-85012.html.

（二）人工智能与社会控制

美国社会学家 E.A. 罗斯在《社会控制》一书中认为，社会控制是指社会组织利用社会规范对其成员的社会行为实施约束以限制人们发生不利于社会的行为的过程。[①] 社会控制往往指狭义上对越轨行为的控制。此处，我们主要是从狭义社会控制的视角来探讨人工智能与社会控制的关系。

1. 人工智能作为社会控制的工具

人工智能其本质还是需要依靠人类控制，为社会所用，因此可以作为工具对一些越轨的行为控制。比如，旧金山 SPCA 动物收容所在对周边环境进行安全保护的过程中采用的就是一台只有 5 英尺（1.524 米）的骑士视界安全机器人来负责监控，这台机器人为收容所减少了很多像非法汽车撞人似的越轨行为。骑士视界安全机器人和基本的机器人有着一样的配备功能，比如传感器、相机、声呐以及激光雷达等。机器人在连接上 Wi-Fi 网络或者采用蜂窝连接的方式，就可以自己处理大量的数据，然后数据被传输到网络界面上，人们可以实时监控。

我国警方目前使用了一种搭载了人脸识别技术的眼镜，眼镜连接着警方的嫌疑人数据库，使用在飞机或火车上的安检扫描就可以了解到旅客的犯法史和身份的真实性。

澳大利亚的新南威尔士州将针对交通方面部署一种人工智能手机检测摄像头，专门监测司机在开车时的违法使用手机行为。这个装置安装了两个摄像头，一个负责拍摄汽车的车牌照，另一个摄像头安装在挡风玻璃上，向下就能监测到司机的手部动作，监测司机是否在玩手机。当摄像头拍摄出一些疑似违法行为的照片就会将照片传输给人工核实，如果司机确实违法，那设备就会向已经登记的车主发出侵权通知并开出罚单。利用或搭载了 AI 技术的人工智能设备能够有力地帮助人们控制打击越轨行为，维护社会稳定。

2. 人工智能作为社会控制的对象

人工智能作为社会控制工具的同时也会被不法分子用作越轨工具。因此，人工智能又同时作为社会控制对象。

（1）相关部门应及时制定人工智能行为规范

针对社会控制智能机器人的研究，在艾萨克·阿西莫夫在 1942 年出版的科

---

① 罗斯（Ross, E.A.）. 社会控制 [M]. 秦志勇，毛永政，等译. 北京：华夏出版社，1989.

幻小说中就已经针对机器人的规范行为提出了三定律：不能伤害人类、服从人类命令和保护自己。之后又补充了第零法则：机器人不得伤害人类整体，或袖手旁观坐视人类整体受到伤害。

（2）相关人工智能公司应加大人工智能的各种行为的关注度

相关人工智能公司也应关注人工智能可能的越轨行为及相应的社会控制措施人工智能公司作为人工智能研发应用的利益相关方，理应关注人工智能可能的越轨行为及相应的社会控制措施。谷歌曾于2014年收购了DeepMind（深度思考）人工智能公司，为此，谷歌在伦敦专门成立了一个专家小组以应对"人工智能威胁"。DeepMind负责人戴米斯·哈萨比斯及其团队正在为谷歌服务建造使用人工智能的机会，这家公司正教授电脑像人类那样思考，提高人工智能技术帮助谷歌服务实现技术突破。谷歌也担心以这种方式开发的电脑会产生威胁，为此该公司成立了"道德委员会"，其任务就是确保人工智能技术不被滥用。

（3）政府管理部门应加快制定相关管理规范

人工智能及其落地应用中存在的一些问题引发了人们对诸如隐私、透明度、安全性、工作以及整体经济等方面的担忧。为此，政府管理部门应该回应人们对AI技术应用的社会关切，应加快制定相关管理规范。例如，面部识别技术可以提升用户在社交媒体上的体验。但同样的技术也可以用来提升监视效果，牺牲个人隐私。

2018年5月25日，欧盟全面实施《欧盟一般数据保护条例》，这被认为是20年来数据隐私条例的最重要变化之一，为所有欧盟民众保护和授权数据隐私，并将重塑整个欧盟地区的数据隐私保护形式。

第二节 人工智能与社会关系

一、人与人工智能体的社会关系

"你的同事中会有智能机器人同事。"这不仅仅出现在有关AI的影视作品中，在现实工作中也已经存在。例如，在北京邮电大学校园里开展日常巡逻的智能机器人，已经与人形成了合作关系。一项对3800名商界领袖的调查显示：82%的受访者预测人类和机器人将在五年内展开合作。戴尔公司战略和规划高级副总裁 Matt Baker 表示:"我们开始逐渐认识到人与机器之间更紧密集成的观念。"[①]那么,AI 加入人类工作环境,对原先人们的合作会带来哪些影响呢?实验显示,在人类社会中间加入人工智能,可能会改变我们与他人的互动。

耶鲁大学曾经做过一个实验。在这个实验中,研究人员引导一小群人与人形机器人一起在虚拟世界中铺设铁轨。每个实验组由三个人和一个蓝白相间的小机器人组成,他们围坐在一张方桌旁,通过平板电脑完成任务。这个机器人被设定为偶尔会犯错误,并且会承认错误:"对不起,伙计们,这一轮我犯了错误。""我知道这可能难以置信,但机器人也会犯错。"结果证明,这个会做忏悔的笨拙机器人通过改善人类之间的沟通交流,帮助这些小组表现得更好。他们变得更放松,更健谈,安慰那些容易犯错的小组成员。与机器人只做平淡陈述的对照相比,有忏悔机器人的实验组成员之间合作得更好。[②]

如同这个实验所展示出来的一样,机器人与人类在一同工作中,能够通过改善人类之间的沟通交流从而促进人类更好地完成工作任务。但是,智能机器人的介入,也可能给我们人类的互动带来破坏性的影响。比如,在一次被相关研究者设计的实验中,参与的实验者有几千名,研究人员给每个人都发放了初始资金,在接下来的网络游戏中可以使用这些资金。每一轮测试,受试者既可以将自己的资金保留,也可以将资金部分捐给邻居或者全部给邻居,如果受试者将一部分钱捐给了邻居,邻居还可以从研究人员手中再次得到同样数目的钱。在游戏的初期,将近三分之二的大部分人会将自己的资金捐给邻居,因为他们考虑到如果自己在这轮对邻居显示出慷慨,那么很可能让邻居在下一轮也对自己慷慨捐钱,这样就建立了一种互惠的局面。如果保留自己的资金,并且从邻居那里得到钱,那么这是一种自私且短视的做法。在试验的后期,研究人员在受试者中加入了一些设定为自私的机器人来假装人类玩家参与试验,由这些机器人带头做出自私的选择最后使整个群体也都跟着做出自私的选择,不再慷慨地将钱捐给邻居,最后导致所有人都停止合作,机器人让人类变成了自私之徒。

在这个实验中,实验者通过巧妙地将机器人设定为一名自私的参与者,从而

---

① 戴尔:82%受访者预测人类与机器人将在五年内展开合作,人机合作无法避免[EB/OL].[2018-01-31]. https://www.sohu.com/a/220063107_780494.
② 人工智能与我们人类之间的互动方式[EB/OL].http://www.pig66.com/2019/145_0310/17697370.html.

影响了团队中其他人所做出的选择，人工智能可能会降低人类合作的能力，这一事实非常令人担忧。

二、人工智能与人类社会信任关系的建立

（一）社会关系与信任

"囚徒困境"揭示了人类社会关系信任的难题。在社会科学中，信任被认为是一种依赖关系，信任对方意味着愿意承担对方行为伤害的风险，可以说，信任是高质量关系的核心特征，是社会交换的基础。随着社会的变化，信任的性质也发生了变化。在传统礼俗社会中，人们更多的是一种基于地缘或血缘的信任，而在机械社会中，由于分工的不同，社会的陌生化、原子化的发展，越来越发展为一种契约型信任。信任是我们社会的基础，无论含蓄还是明确地说，毋庸置疑的是，对彼此的信任构成了我们生活的基础，但是，随着机器人和人工智能的发展，这会产生什么变化呢？为了评估公众的意见，欧盟委员会在2017年时进行了一项调查[1]，了解人们对机器人的态度。虽然总体上的反应大多是积极的，但在一些领域人们表现出了明显的不信任。

1. 就普遍信任而言

随着人工智能技术发展，机器人变得与活着的会呼吸和思考的生物体非常相似，人们似乎越来越不相信它们了。因为机器人激起了人们对科幻小说噩梦的不安回忆。另外，在现实发展中，机器人和人工智能技术的发展已经威胁要取代律师、保姆、收银员等，这更加剧了人们对机器人以及人工智能的疑虑。

2. 就特殊信任而言

不同行业领域的信任，对智能机器人的信任存在差异。例如，60%～61%的人认为应该禁止机器人照顾儿童、老人和残疾人，30%～34%的人说机器人应该被禁止从事教育活动，而有27%～30%的人说机器人应该被禁止从事医疗保健工作。然而，该报告也的确表明，人们欢迎在某几个领域中应用机器人，因为它们可以帮助推动人类向前进，45%～52%的人支持将机器人应用于太空探索，50%～57%支持用于制造业41%～64%的人支持用于军事和安全操作。那么，在人工智

---

[1] 智能菌. 这有一份调查大家对机器人的信任有多少？[EB/OL].[2017-12-22].https://www.163.com/dy/article/CDS4CSF70511CUKV.html.

能时代，人与人工智能之间如何构建起一种信任关系呢？

（二）人工智能与人类社会信任关系的建立

一般情况下，一些无关紧要的小瑕疵对智能机器人和人类之间的信任关系构建反而是有帮助的。研究人员发现，人们对那些会犯一些错误的机器人比那些完美无瑕、自然流畅地和人类互动的机器人其喜爱程度要高得多。甚至有些时候有瑕疵的机器人将任务搞砸的时候，人们不仅不会怪罪机器人，还会认为这种反应十分可爱。根据这种情况，萨尔茨堡大学的机器人专家专门采取了研究分析，以上的种种机器人犯错事件属于"出丑效应"，任何社会事物都会有这种效应，机器人也不例外。在实验中，研究者将这些机器人的行为加上一些"错误"的指令，让机器人会在行为上犯错，但是受试者并不知道机器人的"犯错"行为是被设定好的，当受试者让机器人递过来抓住的纸条，机器人会掉落那些纸条，大部分参与者都会不厌其烦地陪伴机器人练习抓纸。为了进一步验证这种结论，研究者让机器人指令参与者用乐高积木搭建东西，有部分人认为机器人的表现堪称完美。但是另一部分人觉得机器人会犯一些错误。一些机器人在设计的时候会明显体现出技术上的问题，比如会经常陷入循环中，不断地重复一个单词，或者一些机器人被设计的时候会体现出违反了社会道德规范的样子，当参与者在讲话的时候机器人会打断其讲话。当机器人违反了规则，让正在搭建积木的参与者将积木扔在地上，人们也不会生气，还会继续和机器人一起玩。因此，这种源自人和人之间的社会心理现象也就是"出丑效应"在人和智能体的关系上也同样适用，有瑕疵的机器人反而会增加人和机器人的信任。

机器人应该有人类的习性，这可能会有助于建立信任关系。正如前述，人与机器人之间"出丑效应"的存在，使我们意识到从机器人的设计角度而言瑕不掩瑜，"笨拙"往往显得更可爱，更容易被人类所接受。除此之外，如果机器人在某些方面具有人类的习性，例如，在交谈中，机器人应该眨眼睛并保持眼神的交流，就像人与人之间交谈所具有的那样。再者，在说话时，应该像人类那样用正确的语调来传达信息，否则，如果用欢快的语气谈论悲伤的消息，这会让人类感到很恐怖。又如，在谈话时，机器人应该像人类一样使用一些语气词，如"你懂的""就像是""呢"等，这些额外的词汇可以让对话感觉更自然。

增加双方生活上的接触，逐步建立人与机器人的信任关系。影视作品等对人工智能形象夸张的建构，常常使人们对人工智能（包括机器人）的印象趋向消极和负面，总是担心人工智能取代自己，对人类造成伤害，这种评价和印象显然不太利于人们建立起与机器人的信任关系。鉴于此，增加人与机器人生活上的接触，可以减少或者消除既有的心理距离，逐步建立起人对机器人的信任。

前述探讨了在普通情况下，人工智能体与人建立信任关系的可能路径；而在极端情况下，人类则表现出了对机器人的高度信任。研究显示，在发生火灾的情境下，即使机器人指示的是一条明显偏离安全出口的路线，人们也会完全按照它的指示疏散。即在极端情况如灾难等情况下，人类表现出了对机器人的快速的高度信任。在极端情况下，人类对机器人的信任好像比人们想象中要轻松很多。这项研究的目的是探究在遇到火灾等紧急情况时，人类是否会信任救援机器人的指示。实验一共有来自在校大学生的42名被试者参与。这些被试一开始并不知道实验的目的，只是被告知要阅读一些材料并完成问卷调查。被试者同时被告知要跟随一个一侧亮着"应急指引"字样的机器人，而这台机器人实际上是暗地里由研究人员操作的。机器人会先把被试者带到一个大门紧闭的办公室内，等到被试者推门而入，走廊和办公室内就会冒出滚滚浓烟，同时会触发火灾报警器。这时，机器人会伸出一条白色的"胳膊"进行引导，但是引导的方向却明显与被试者刚进来的道路相反。尽管被试者在进入办公室之前会经过配有明显"安全出口"指示的走廊，但最终，他们仍然无一例外地选择了跟随机器人走向死胡同。

此外，在实验之前，为了确定被试者对机器人的信任程度，研究人员还将被试者分成几个不同的情景进行实验。他们会先告知部分被试者，如果机器人原地打转或者突然停止移动，这就说明该机器人坏了。而这几组的被试者即使见到过机器人出现这种情况，在模拟火灾来临的时候，他们也只是犹豫了一会儿，然后依旧遵循机器人的指挥进行疏散。

这个实验表明，在紧急情况下，人们会选择无条件地相信机器人，似乎并不需要人们为构建与机器人的信任关系而做出额外的努力。相对于在普通情况下，我们去思考如何构建人与人工智能体的信任关系，在紧急情况下，我们似乎应去思考该怎么避免过分地相信机器人。上述我们更多的是从机器人与人进行互动的角度去探讨如何构建双方的信任关系，当然，也可以单纯从技术角度进行思考，但这并不在本研究的探讨范围内。

三、人工智能、社会结构的变化及其社会影响

（一）人工智能与社会结构的变化

我们已经顺着人与人工智能体之间的交流方式—合作方式（交往礼仪）—社会关系（包括婚姻）—社会结构这个逻辑线索来探讨二者之间的社会互动及信任关系构建，基于此，一个合乎逻辑的后果便是社会结构已经发生和将要发生的变化。这是需要我们尤为关注的社会现象。实际上，随着社会关系的变化，社会结构也并非静止的，而是一直都在发生着或快或慢，或显著或隐秘的变化。例如，从传统村落共同体，到工业化时代的契约性信任，再到网络化时代的网络化个人主义的显现，这些都印证着社会结构的变化。

在智能社会时代，人与人、人与机器的关系结构发生了变化，这将会增加人—智能机器—机器、人智能机器的关系结构，一种新的社会结构便会出现。就现实而言，我们越来越多地与围绕在我们身边的各种智能助手或者机器人交流互动，因此，人们必须得学会如何与人工智能体相处，积极主动地去适应这种正在发生变化的社会结构。

（二）AI 依赖及人机情感危机

媒介依赖理论是由德弗勒和鲍尔·基洛奇在 1976 年提出的，它把媒介作为受众—媒介—社会这样系统中的一个组成部分。概括来说，媒介依赖理论认为："一个人越依赖于通过使用媒介来满足需求，媒介在这个人生活中所扮演的角色就越重要，因此媒介对这个人的影响力就越大。"[①] 那么，会有 AI 依赖现象吗？

根据对媒介的广义理解，人工智能显然可以看作是一种新媒介，人们在与其高度交流互动中，对其产生依赖。研究者曾经在《人工智能与社会发展》课程中，就"AI 依赖"话题设计了自我报告作业：您有过对智能助手或其他智能体的依赖体验吗？如有，请结合具体实例详细谈谈您的体验。包括但不限于如下问题：当时是什么感受？为什么会产生依赖？现在还有吗？如果没有，您是如何摆脱依赖的？您认为如何避免产生依赖呢？就课程中所提及的"AI 依赖"问题时，学生在提交的自我反思报告中，提到了自身对智能设备的依赖："当我意识到这一状况

---

① 易丽平. 新媒体环境下受众媒介依赖的原因探析 [J]. 今传媒，2011（19）：96-97.

后，我感到十分担忧。因为当我沉迷其中时，我就感觉我如同失了魂一般地深深陷其中，将自己的一切都投入其中，仿佛游离于人世之外，飞翔于夜空之中，忘记了时间，忘记了自己还要赶的作业。那种感觉，像极了一位被剥夺了自我的人偶。更可怕的是，我本人却丝毫察觉不到，甚至还乐在其中。"当然，有的学生也提到了自己是如何克服"AI 依赖"的：它确实只是一个能够帮助人类的工具罢了，它没有感情，就像小爱同学，对其他人的呼唤、请求，也都是同样的"热心"回答，在对于习惯人情社会的我们，这很容易让我们产生她并不属于我的感觉，在有代替物或者当人类不再需要他们来实现某些功能时，依赖也就自然而然地消失了。

针对 AI 依赖现象，有学者曾经未雨绸缪地提及人机情感危机问题。对此，我们可以将其视为人对人工智能体高度依赖后带来的问题。我们所生活的社会是人类共同体所组成的，人与人在社会中正常交往，在未来的社会中，机器人会带给整个社会人机的情感危机。我们现在甚至将来发明的机器人不仅可以替代人的体力劳动，也可以替代人的脑力劳动，甚至还可能出现能够陪伴人类，替代情感的伴侣机器人、性爱机器人。这些机器人的出现很可能会给人类社会带来各种挑战。如今我们就能切身感受到机器人的影响力，让现代的人们离开手机、电脑等电子设备我们可能就会陷入枯燥、手足无措的情况，这些机器人已经成为人类生活中不可缺少的部分。因此，一些研究者认为，人们对机器人的恐慌也许并不是它的出现，而是它的消失。如果长期依赖这些机器人，等到哪天要被迫离开它们，我们自己也无法适应已经退化的能力，陷入惶恐中。如果机器人完全取代了人类，虽然我们会得到极大的自由，但是也会带来失去机器人后生存上的风险。

人们在对包括机器人在内的新兴媒介的使用中获得了需求满足，但这种体验反过来又会影响我们对智能体的继续使用，这种使用与满足的循环有可能会导致我们对智能体类似"上瘾"的依赖；一旦失去或暂时脱离，都会让依赖者体验到危机感。

（三）人工智能算法和机器人对社交渗透理论的影响

社会渗透理论认为，随着人际关系的发展，人们之间的传播交流会从一个相对狭窄、非亲密的层面向更深、更个人的层面发展。这是一种伴随着信息交换以及情感交换的社会交换过程。那么，在智能算法的中介作用下，人们能非常精准地了解对方，在这样一种情形下，传统的社交渗透理论还有价值吗？智能算法程序能够基于个体的动作特征（点击、停留、评论、分享等）、环境特征（是否节假日、网络环境等）以及社交特征（微博的关注关系等），对个体有较为精准的把握。正如前谷歌 CEO 埃里克·施密特所说，我们知道你在哪，我们知道你曾经在哪，我们大体上知道你正在想什么。但即便如此，这些只是完成了或者是部分完成了传统的自我信息交换阶段，就社会渗透过程而言，除信息交换外，情感交换仍然是需要的，而这恰恰是目前智能算法程序无法实现的。此外，在 AI 这种新媒体技术发展的影响下，智能社交机器人的出现，传统社交渗透理论面临着失效的危险。因为传统社交渗透理论探讨的是人与人之间的社会交往与关系发展的问题，那么人与智能机器人的交往是否也适用于这种理论呢？如果不适用，那么我们应该如何去构建人与智能社交机器人之间的信任关系呢？人与智能机器人之间的高质量信任关系也需要经过这些步骤吗？这些都需要研究者基于新的媒介生态给予思考和回应。

（四）人工智能与社会资本的变化

当代对社会资本的研究从法国学者皮埃尔·布迪厄等人开始。布迪厄于 1980 年在《社会科学研究》杂志上发表了题为"社会资本随笔"的短文，正式提出了"社会资本"这一概念。他将社会资本界定为"实际或潜在资源的集合，这些资源与由相互默认或承认的关系所组成的持久网络有关，而且这些关系或多或少是制度化的。"[1] 不同的研究者往往从不同的角度出发使用"社会资本"一词，由此也导致此概念的定义比较混乱，目前学术界尚未形成统一的定论。

1. 微观层次上社会资本的概念

在微观层次上，社会资本是指将社会关系和关系网络看作个体可以利用借以实现个体目标的资源。如伯特 1992 年指出，"社会资本指朋友、同事和更普遍的联系，通过他们你得到了使用其他形式资本的机会"。布迪厄认为社会资本是指某个个人或群体，凭借拥有一个比较稳定、又在一定程度上制度化的相互交往、彼此熟悉的关系网，从而积累起来的实际或潜在资源的综合。波茨在 2000 年也表明"社会资本在理论上的最大魅力在于个人层面"，认为社会资本是处在网络或更广泛的社会结构中的个人动员稀有资源的能力。由此可见，微观层次的社会

---

[1] 李惠斌. 社会资本与社会发展 [M]. 北京：社会科学文献出版社，2000.

资本概念强调两点：一是社会关系和关系网络是一种可以利用的资源；二是社会关系和关系网络被个体用于实现自己的行动目标。这里所说的个体不仅指个人，也可以是组织。

2. 宏观层次上社会资本的概念

普特南 1993 年的定义和研究最具代表性。他认为社会资本指社会组织所具有的某种特征，如信任、规范和网络，它们能够通过推动协调的行动来提高社会的效率。这拓展了社会资本的解释力和研究领域。在其研究中，更重要的不是社会资本对单个个体的有用性，而是集体层面上的公共精神，如信任、互惠规范和参与网络等，这样的公共精神将有助于集体行动中的广泛合作，并克服集体行动的困境，从而促进经济繁荣和政治民主。

基于此，人工智能如何有助于在上述层次上影响个体、集体和社会的社会资本？其一，人与人工智能（智能机器人）之间的关系拓展了社会资本概念中人与人之间社会关系的范畴。其二，人与人工智能的社会关系提升了某些个体的社会资本，体现出社会资本的生产性。例如，前百度首席科学家吴恩达从百度离职后，便创立帮助传统产业转型和升级，还去自动驾驶创业公司担任董事，当吴恩达在大型企业走不通的时候，选择了创办自己最擅长并感兴趣的工作。其三，企业通过构建人工智能企业生态网络，提升了社会资本。例如，小米科技公司，现在正在打造把厨房及客厅转变成 OMO 环境的人工智能家电网络，其中的核心是小米人工智能音箱"小爱同学"，之后一系列智能型感应式居家设备，如空间净化器、电饭锅、冰箱、摄影机、洗衣机、吸尘器等都借着低成本的优势成功上市。小米并非全凭自己研发这些设备，它投资了 220 家公司，孵化了 29 家创业公司。低价、多样性与人工智能的结合，创造了全球最大的智能家居设备网络。其四，智能社会建设所带来的整体社会氛围的变化，有助于提升宏观意义上的社会资本。例如，中国政府积极倡导的人工智能规划与建设，使中国在改变疾病诊断的方式，或者重构购物、出行及饮食场景等方面取得了全球领先地位，这在整体上也带来了中国社会的变化，如无现金社会、信用体系的完善等。这些可以看作是人工智能所带来的宏观意义上社会资本的变化。

第三节 人工智能社会风险的社会治理

一、理解"风险"与"风险社会"

（一）什么是"风险"

风险概念"最初是在两个背景下出现的：它起源于探险家们前往前所未知的地区的时候，还起源于早期重商主义资本家们的活动。"[①] 由此而言，风险概念最初是指对地理空间的探索中可能遇到的危险等。随着现代社会的演进，风险概念也逐渐从最初对地理空间的探索转移到对时间的探索，这种以时间序列为依据来作出评估的风险指的是在一定条件下某种自然现象、生理现象或社会现象是否发生，及其对人类的社会财富和生命安全是否造成损失和损失程度的客观不确定性。[②]

（二）什么是"风险社会"

德国社会学家贝克把"风险社会"定义为一系列特殊的社会、经济、政治和文化因素，这些因素具有普遍的人为不确定性，它们使现存社会结构、体制和社会关系，向着更加复杂、更加偶然和更易分裂。[③] 吉登斯则认为风险社会是指由于新技术和全球化所产生的与早期工业社会不同的社会性，它是现代性的一种后果。[④] 吉登斯同时分析了传统社会风险与当代社会风险的差异，他指出，"传统社会风险是一个局部性、个体性、自然性的外部风险，当代社会风险则是一种全球性、社会性、人为性的结构风险"。[⑤] 吉登斯还区分了"外部风险"与"被制造出来的风险"，认为"外部风险就是来自外部的，因为传统或者自然的不变性和固定性所带来的风险"，如火山、地震、台风等；"被制造出来的风险"指的是由我们不断发展的知识对这个世界的影响所产生的风险，是指我们在没有多少历史经验的情况下所产生的风险，如环境污染等。在工业社会存在的最初两百年里，占

[①] 安东尼·吉登斯. 现代性——吉登斯访谈[M]. 北京：新华出版社，2000.
[②] 安东尼·吉登斯. 现代性的后果[M]. 田禾译. 南京：译林出版社，2000.
[③] Barbara Adam, Ulrich Beck, Joostvann Loon.The Risk Society and Beyond：Critical Issues for Social Theory[M].London：Sage.Publication，2000.
[④] 同[②].
[⑤] 刘岩. 当代社会风险问题的凸显与理论自觉[J]. 社会科学战线，2007（01）：213-217.

主导地位的风险可以被称为"外部风险"①。而在当今社会，这种由外部风险占据的主导地位逐渐被制造出来的风险取代，于是吉登斯将这种由被制造出来的风险占主导地位的世界称为"失控的世界"。

二、人工智能风险的表现

吉登斯对"风险"和"风险社会"的认识，人工智能的风险是一种"被制造出来的风险"，一方面不仅是 AI 技术发展本身的风险负荷，另一方面，技术在落地应用中也存在着社会风险。如果将人、技术、内容、使用过程等不同因素整合在一起，我们便会得到一个人工智能社会风险的模型（如图 6-3-1 所示）。

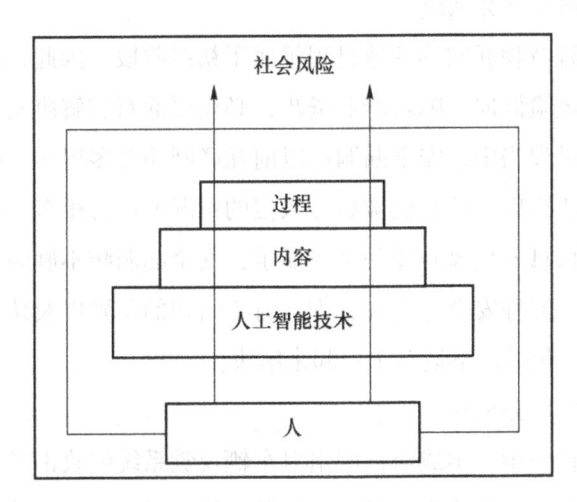

图 6-3-1 人工智能社会风险的表现

包含人、AI 技术、数据内容、使用过程等因素的人工智能系统，本身是嵌入在社会生态之中的，无论是 AI 技术本身，还是其负载的数据内容，或是人们对 AI 技术的使用都可能给社会带来"被制造出来的"风险。下面，我们逐一对这些 AI 社会风险进行介绍。

（一）人工智能技术发展与安全"风险"

现代风险和科学技术的发展联系紧密。科学技术改变了人们的生活，给人们生产生活带来便利，但也造成了各种威胁，形成了现代社会风险。根据社会建构

---

① 安东尼·吉登斯. 失控的世界：全球化如何重塑我们的生活 [M]. 周红云译，南昌：江西人民出版社，2001.

论的思想，科学技术之所以造成各种影响和后果，一切皆来自本身的内在。因此可以说科学技术的风险性不是外在的社会特征，属于科学技术的内在属性，科学技术是风险负荷的。

1. 机器人技术与社会风险

人工智能显然是"被制造出来的"。例如，2017年，波士顿动力公司发布的一款四足机器人震惊了世界，除行走、跳跃外，这款机器人还会后空翻！绝大部分人都无法完成的高难度动作竟然让一个机器人轻松实现了。为了保持直立和稳定性，这款机器人不仅拥有立体视觉感知、距离感知及其他感知功能，还能够观测环境并在崎岖不平的地形上行走。

2. 智慧物联网与社会风险

整体而言，智慧物联网的落地过程仍属于初级阶段，因此，也具有在开始阶段所具有的普遍风险倾向。随着产业进步，必须要面对和解决安全风险问题。在整个物联网落地过程当中，安全漏洞比以前互联网还要多得多，而且安全的事故所带来的影响可能比以往计算机被病毒入侵的情况要厉害得多。例如，根据一项对智能摄像头的信息安全风险监测结果显示，安全漏洞防不胜防。安全风险问题包含数据的隐私、流程安全运营和管理、对于密钥的鉴别以及认证等，需要系统地由多厂商平台（包括网络运营）一起来解决。

3. 无人驾驶与社会风险

在无人驾驶任务中，生成对抗网络对车辆视觉系统的攻击是一个问题。对抗样本对计算机视觉系统的攻击已经是老话题，只要很轻微的扰动，神经网络就会发生错误，将一个物体看成另一个物体，或者干脆对眼前的物体视而不见。和"计算机能够看明白东西"这一伟大历史进展相比，轻微的扰动可能是无伤大雅的小问题。但这样的缺陷放在自动驾驶领域，却是人命关天的大事情。在无人驾驶系统的视觉模块、在能购物的智能音箱里、在过滤网络不良信息的任务中，我们需要系统非常可靠。而现在，神经网络的潜在危险很多。对此，360集团董事长兼CEO周鸿祎在第二届世界智能大会现场演讲时称，没有安全就不可能有智能汽车时代的真正到来。无论是特斯拉还是别的智能汽车都可以用手机进行控制，要和车厂的服务器保持连接，能够通过定期更新软件来改变车子的驾驶模式，既然汽车都可以联网，用手机都可以打开车门、打开空调了，那么就一定可以被劫持。[①]

上述分别从机器人、智慧物联网和无人驾驶等三个人工智能应用领域介绍了人工智能技术的安全风险表现。人工智能技术涉及数学、计算机科学、心理学、神经学等众多门类，在机器人、智能分析、识别系统等方面获得了广泛应用。但人工智能技术的发展并没有从根本上解决因技术故障导致的机器人"伤人"事件。例如，人工智能系统所依赖的传感器以及所使用的开源软件等，这使其面临较多的安全漏洞。人们谈论风险，往往不是在一个层面上，有的人谈论的是可能的技术发展中的安全风险，有的人谈论的则是技术的潜在不当使用所带来的风险。

（二）人工智能技术的潜在不当使用与风险

如果说，技术本身往往存在风险负荷，那么，在不同的社会环境下，对于技术的不同使用也会带来风险。此处，我们着重带入"人"这一因素，尤其是从使用角度探讨人工智能技术的社会风险。具体而言，这种不同使用可以细分为两个层面：

1.对用户信息的不当或者过度采集所带来的潜在风险

首先，对用户信息的不当采集会带来潜在的风险。例如，据报道，谷歌为了提升新一代手机Pixel4的面部解锁系统，向每个愿意出售面部数据的人提供5美元的礼品卡。但据称这家科技公司是使用了一些可疑的方法进行面部扫描的。据参与该项目工作的几位消息人士称，一家名为Randstad的承包公司确实在亚特兰大以流浪汉、黑人为采集目标，通常也不说他们在为谷歌工作，也没有说他们实际上是在录制人的面部信息。在志愿者们签署的协议中，谷歌保留了长达五年的人脸数据使用权，这个时间甚至还可能因为项目的继续而延长。此外，它还授予谷歌汇总和共享研究数据的权利，而且没有任何使用目的的限制。这或许意味着数据的使用不限于谷歌的单个业务，同时适用范围也不会仅限于美国国内。

其次，对用户信息的过度采集也会带来潜在的风险。例如，据报道，有的地方如灵隐寺、天坛试点使用带有人脸识别技术的厕纸机，取纸者只有刷脸才能取得厕纸等。

[①] 周鸿祎给无人驾驶泼冷水：特斯拉每出一辆新车都能模拟劫持[EB/OL].[2018-05-23].https：//www.sohu.com/a/232615708_100145240.

2. 对所收集的用户信息不当或非法使用可能会带来的风险

首先，对人工智能所收集信息的不当使用也会带来风险。例如，据报道，2018年5月，美国亚马逊公司被曝出将自己下属公司旗下的人脸识别技术Recognition出售给警方，这种人脸识别技术能够帮助警方实时从数百万张人脸中识别出警方正在寻找的人。多家组织向亚马逊写信表达了抗议，认为该技术将不可避免地被当局滥用，并指控亚马逊提供"强大的监控系统会对社区形成巨大威胁，包括有色人种和移民。警方可能会利用其追踪抗议者或其他被警方列为嫌疑人的目标，而不仅仅是罪犯"。人们如此愤怒的原因在于，人脸识别技术在执法部门的使用权限和用途并没有明确的法律规定，即执法的警察存在滥用此项技术，从而侵犯公民隐私的风险。

其次，对人工智能所收集信息的非法使用也会带来风险。例如，有地方利用人脸识别技术在公共场合公开曝光"闯红灯人员"的信息。再如，2017年，浙江警方破获了一起利用人工智能犯罪、侵犯公民个人信息案。专业黑客用深度学习技术训练机让机器能够自主操作，批量识别验证码。很短时间就能识别上千上万个验证码。

（三）人工智能偏见和歧视

海量的数据是人工智能运行的基础，这些数据被强大的算法计算分析，然后得出结论，做出预测。由此可见数据是决定人工智能工作的重要依据，所以如果数据本身出现错误或偏见，比如数据中采用了一些带有种族主义或性别歧视的语言，那么在人工智能的行为中也会体现出来，这就是一种基于人工智能数据内容本身的风险表现。比如，在选美比赛中采用人工智能参与选拔环节，如果这个人工智能本身就对黑皮肤的人带有种族偏见，那么最后的结果很可能深色皮肤的选手被淘汰。有一种谷歌算法就带有明显的种族歧视，它将黑脸直接归为大猩猩。在某项研究中，人工智能筛选简历系统带有种族偏见，最后选拔出来的应聘优胜者更加倾向于欧裔美国人，非裔美国人大部分被淘汰。有的研究发现，AI系统带有性别偏见，将男性的名字与职业导向、数学和科学词汇联系起来，同时将女性的名字与艺术概念联系在一起。①

---

① 网易智能.在人工智能恐惧之下你必须明白的四个道理！[EB/OL].[2018-01-25].http://tech.163.com/18/0125/09/D903C3TS00098IEO.html.

偏见部分来源于人工智能所依赖的数据，解决偏见的方法之一便是从数据本身的质量入手。解决数据偏见问题的第一步是在数据收集过程中建立更大的透明度。我们以人类语言中的性别歧视为例。人类语言中往往隐藏着性别歧视。例如，"可爱"被认为是一个女性专用词，而"辉煌"等于男性，同样还有"家庭主妇"与"计算机程序员"配对。在职业上，这种性别歧视最极端的例子是，哲学家战斗机飞行员、上司和架构师等这些工作通常与"他"有关。如果我们能够恰当地解决 AI 偏见和 AI 歧视，我们完全有可能创造出比创造者更少偏见的人工智能，那么人工智能将使生活变得更美好。

（四）伦理与异化风险

这是从人与智能体关系的维度去思考智能社会的风险表现。

1. 伦理风险

机器人将逐渐融入我们的生活，但这一发展可能会带来一些值得关注的伦理风险。

首先，人们如何从心理上去接受一个人形机器人，这将使人们面临着心理的冲击。人类应该是智能机器人的主人还是朋友，这是一个值得进一步深思的问题，在实践中，从包括媒体报道中关于人机关系的内容，以及学生在参与调查中涉及人机关系时所使用的语言中，我们发现，不少人经常使用"主人"来称呼人机关系中人类一方，这背后也反映了一种不对等甚至不平等的关系预期。这给我们指出了一点，即人类如何与人形的机器人相处也是未来智能社会的一个风险。

其次，人类可能会过度依赖机器人。在通常情况下，人们对智能机器人的过度依赖会带来潜在的风险，包括人机情感危机、情感依赖、失去某种自决权等。例如，在人工智能的使用过程中，难免会做出违背人道主义的事情，谩骂、殴打和虐待可能会发生，甚至将机器人当成发泄的工具等。

此外，在特殊情形下 AI 需要及时做出优化决定，这有时会引发伦理风险。尽管大多数情况下这种优化决定是客观决定并且受到普遍接受，但也有些例子引起了道德和伦理方面的问题。比方说，知道自己就要撞上行人的无人车必须在数毫秒之内做出决定是否要通过（对乘客）危险的机动避开易受影响的行人。这些关键决策背后的逻辑必须事先定义好，得到很好的理解和接受。与此同时，在特定数据保护规则的约束下，无人车活动和决策的详细历史必须能访问到并且提供给大家进行分析。

2. 异化风险

有的人认为，人工智能在未来会超越人类智能，人类正在创造一个比自身更加强大的物种。基于此种论调，人工智能的异化与反抗风险也许成为现实。那么，人类是否会被机器取代？什么时候才会出现通用人工智能？对此，在2018年11月13日举行的美国麻省理工学院中国峰会上，MIT计算机科学与人工智能实验室主任罗斯女士表示，人工智能会给每个人的生活带来益处。"（人工智能）工具本身没有好坏之分，关键在于人们如何使用它"，而根据罗斯的观点，我们离通用人工智能还非常遥远。她说，担心通用人工智能就像担心火星上人口过剩一样。与其担心机器会替代我们，还不如关注机器能如何帮助我们。

三、人工智能风险的社会治理

近年来，人工智能的发展十分迅猛，并逐渐融入了人们生产生活。在提高社会生产率的同时也帮助人们解决了很多问题，带领人类社会正在走向新一轮的产业革命。但是，不可否认的是人工智能带来发展的同时也带来了很多新的问题和风险，比如安全风险、隐私风险、伦理风险等，面对这些风险，我们要在社会层面对其治理。

（一）人工智能的公众风险认识

在传统的风险治理机制中，人们一般将重点都放在了防范客观风险和灾难、预警和事后的处理上，很少涉及主观层面的问题。所以，为了让风险治理机制更加全面完整，还要将人们的主观"风险认知"因素也考虑进去。科技的发展也让其产生的风险渗透到社会的方方面面，严重影响了公众的生活，因此人们迫切希望了解那些对自己生命财产安全相关的风险。公众一定要参与到风险的控制和管理中。社会针对风险的控制和管理应该建立一种双向沟通的"新合作风险治理"。"风险"既是一种事实判断，也是一种文化概念，因此社会文化因素也要在风险治理过程中考虑进去。公众对人工智能的风险认识可以看成是"关于人工智能的文化"。

（二）风险控制对于科技企业来说，就是要开发安全的产品

微软 CEO 萨蒂亚·纳德拉曾言 AI 技术既会带来好的一面，也会带来坏的一面，科技企业必须认识到，它们的设计决定将会成为好与坏的推手，强调了对人工智能技术的风险控制而言，科技企业所肩负的社会责任。科技公司应该开发可信的技术，正如纳德拉所说："环视我们生活的环境，到处都是威胁，有一件重要的事情是我们应该做的：那就是开发更安全的产品。微软是首先响应的企业。我们必须认识到，要保证基本安全光是开发安全产品还不够，还要注重运作。如果想健康，光有健身设备还不行，还得真正锻炼。"[①] 科技企业作为风险治理的相关方，应开发安全的产品。

---

① 搜狐网. 微软 CEO：如果不加控制人工智能就会酿成恶果 [EB/OL].[2018-02-08].https://www.sohu.com/a/221672615_99998974.

参考文献

[1] 彭远春，吴维.论环境社会学的实践自觉[J].学习与探索，2022（06）：18-25.

[2] 唐爱民.道德教育社会学：涂尔干的社会学创树及其价值意蕴[J].齐鲁学刊，2022（01）：87-94.

[3] 杜文彬.美国STEM教育演进的教育社会学逻辑[J].电化教育研究，2021，42（08）：122-128.

[4] 王晓阳.教育社会学知识论发展——从斯宾塞到扬[J].教育研究，2021，42（06）：49-61.

[5] 吴万民.中国环境社会学研究的问题意识与理论借鉴[J].关东学刊，2021（02）：56-62.

[6] 景天魁，高和荣.中国马克思主义社会学理论发展100年[J].社会科学战线，2021（02）：33-47.

[7] 谢立中.探寻社会学理论发展的非经验主义道路[J].学术月刊，2021，53（01）：142-149.

[8] 黄齐东.环境社会学的经典溯源、多元格局与中国语境[J].青海社会科学，2020（04）：106-113.

[9] 姚伟.当代西方社会学理论新发展概观[J].理论月刊，2020（08）：77-85.

[10] 杨先艺，王永东.人工智能艺术思想研究[J].艺术评论，2020（02）：48-57.

[11] 白淑英.网络社会学的双重困境及其纾解[J].学术交流，2019（06）：144-151，192.

[12] 梁梦健.城市社会学理论发展刍议[J].江苏科技信息，2019，36（08）：71-73.

[13] 奂平清. 新时代中国社会学的理论自觉 [J]. 西北师大学报（社会科学版），2018，55（06）：26-33.

[14] 陈阿江. 环境社会学的由来与发展 [J]. 河海大学学报（哲学社会科学版），2015，17（05）：32-40，104.

[15] 洪大用. 环境社会学的研究与反思 [J]. 思想战线，2014，40（04）：83-91.

[16] 颜宪源. 社会学理论在大庆精神形成发展中的运用 [J]. 大庆社会科学，2014（01）：30-32.

[17] 董才生，邬全俊. 论当代西方社会学理论研究的特色 [J]. 社会科学战线，2012（05）：150-154.

[18] 胡燚. 环境社会学视野中的日本水俣病问题研究 [D]. 青岛：中国海洋大学，2012.

[19] 穆怀奕. 发展社会学理论简要回顾 [J]. 学理论，2012（11）：76.

[20] 崔凤，唐国建. 环境社会学：关于环境行为的社会学阐释 [J]. 社会科学辑刊，2010（03）：45-50.

[21] 李夫一. 生活方式研究对当代社会学的理论建构功能 [D]. 哈尔滨：哈尔滨工业大学，2007.

[22] 黄少华. 网络社会学的基本议题 [J]. 兰州大学学报，2005（04）：93-101.

[23] 何雪松. 当代西方社会学理论的十大发展趋势 [J]. 上海行政学院学报，2004（03）：70-77.

[24] 夏学銮. 网络社会学建构 [J]. 北京大学学报（哲学社会科学版），2004（01）：85-91.

[25] 文军. 社会学理论的发展脉络与基本规则论略 [J]. 学术论坛，2002（06）：119-122.

[26] 孔昭君. 日本技术社会学理论的形成与发展 [J]. 自然辩证法研究，1991（09）：42-49，72.

[27] 叶南客，唐仲勋. 当代国外发展社会学理论述评 [J]. 国外社会科学情况，1990（02）：29-34，28.

[28] 约翰·罗根，周敏. 美国都市社会学理论的发展与现状 [J]. 社会学研究，1988（04）：127-140.

[29]I. 约尔达凯尔，乔亚. 社会学理论与社会发展战略 [J]. 国外社会科学，1987（04）：3-8.

[30]C. 莱雷纳，戚铁源. 论教育社会学理论的发展 [J]. 国外社会科学，1984（04）：45-46.